ゼロから始めるタイ語

文法中心

吉田英人 著

三修社

まえがき

　サバーイディー・マイ・クラップ（お元気ですか！）

　本書は文法を中心に、ゼロからタイ語を学ぶための入門書です。
　言語をタイプ別に分けるとタイ語は孤立語というグループに属し、定義は「語形変化がなく意味は語順によって決まる」とされています。ですが、これをよくよく読むと「明確な文法はありませんよ」とも受け取れます。
　文法はもともとある地域で習慣化した言い方を人為的に整理したものです。タイ語に明確な文法がないなら、私たちはマニュアル化されていない（人為的でない）文に直接接することができます。ここにタイ語文法を学ぶ本来の意義やメリットがあるような気がします。
　本書は会話の場面に応じた重要語の使い方を学ぶ「表現のための文法」と、タイ語そのものを考える「文法のための文法」で構成されています。実用的なフレーズによる「表現のための文法」をメインに学びながら、少し別の面から考察した「文法のための文法」も併せて参照してください。
　私見ですが、タイ語は、個別の文（や語句）が何らかの働きでつながりながら、新たな文を作るイメージがあります。その際、個別の文を作る英語に似た文法を小文法、小文法でできた文をつなぎ、新たな文を作る働きを大文法と、個人的に名付けています。文の長短にかかわらず、小文法と大文法の二重構造で文を形成するのがタイ語の特徴ではないかと思っています。
　初めてタイ語を学ぶみなさんは、最初のうちから文全体の流れ（大きな文法）を意識する習慣を身につけてください。そして本書を出発点とし、会話や読解の基礎固めにとどまらず、タイ語そのものへの興味も持ち続けていただきたい、そんな想いを込めこの本を作りました。

　執筆にあたり、タンティウィワット・ジーラユット氏からアドバイスをいただきました。この場を借りて御礼申し上げます。

著　者

目　次

発　音　　　　　　　　　　　　　　　　　　　　　　　　　　　　10

1課　こんにちは（名詞文・指示代名詞）　　　　　　　　　　　16
1　タイ語のあいさつ　2　指示代名詞　3　名詞文（AはBです）

2課　私は学生です（名詞文・人称代名詞）　　　　　　　　　　20
1　人称代名詞　2　所有を表す語　3　名詞文の疑問文
4　誰ですか　5　～も

3課　タイ料理は辛いですか？（動詞文・形容詞文）　　　　　　24
1　動詞文と形容詞文　2　動詞文・形容詞文の疑問文と答え方
3　動詞文・形容詞文の疑問文　4　形容詞の特徴
5　逆接の接続詞　6　語調を和らげる語

4課　明日、私はタイに行きます（動詞文）　　　　　　　　　　28
1　タイ語の語尾変化と時制　2　未確定な事柄を表す語
3　選択疑問文　4　否定疑問文　5　動詞の連続（パターン1）

5課　お名前は何ですか？（数字・疑問詞）　　　　　　　　　　32
1　数字　2　何　3　いくら
■タイ語のあいさつ・国名・人名・言語名・親族名詞

6課　1個10バーツです（類別詞・単位）　　　　　　　　　　40
1　これ　2　類別詞　3　～につき ละ [láラ]　4　～できる

7課　いま何時ですか？（時刻・時間）　　　　　　　　　　　　44
1　時刻　2　時間　3　何人、何時

目次

8課　お友達はいつ来ますか？（時を表す表現）　48
1　いつ　2　先週、今月、来年など
3　複数を表す　4　日付　5　曜日

9課　ご両親はどこにいますか？（所在文・存在文）　52
1　「いる」と「ある」　2　所在文　3　所在文の疑問文
4　具体的な場所をたずねる　5　存在文

10課　どこで仕事をしていますか？（場所を表す表現）　56
1　（場所）で〜する（している）　2　場所代名詞
3　場所を表す語　4　AからBまで（距離）

■年号・時刻・月

11課　日本から来ました（接続詞・前置詞）　62
1　どこ　2　AとB　3　（一緒に）〜する
4　そして（それから）〜する　5　婉曲の บ้าน [bâaŋ バーン]
6　不定代名詞

12課　ココナツジュースがいちばん好きです（比較文）　66
1　同等　2　比較　3　最上級　4　形容詞文のいろいろな表現

13課　どのようにコンケンに行きますか？（状態・方法）　70
1　状態をたずねる　2　方法をたずねる　3　程度をたずねる　4　前置詞

14課　どうしてタイが好きなのですか？（理由・目的）　74
1　理由　2　目的　3　「欲しい」と「必要」

15課　明日はたぶん元気になっているでしょう（助動詞）　78
1　〜しなければならない　2　〜したい　3　〜すべき
4　たぶん〜　5　きっと〜　6　より〜になる

目 次

■病気の症状・薬局（服薬の表現）

■季節と方向

16課　プーケットへ行ったことがありますか？（経験・過去）　　84
1　過去を表す表現　2　まだ〜でない

17課　手紙を書いているところです（継続・現在進行）　　88
1　動作・状態の継続　2　動作・状態の続行（まだ〜）　3　進行
4　開始を表す文

18課　食事をしてきましたか？（完了文）　　92
1　〜した、〜なった　2　〜したかどうか
3　もう〜しなくなる（なった）のか？　4　〜し終える
5　動詞の連続（パターン 2-2）

19課　彼はタイ語が話せますか？（可能文）　　96
1　〜できる
2　結果的に可能を表す表現―動詞の連続（パターン 3）
3　主部＋เป็น［pen ペン］

20課　父は私にビールを買いに行かせた（使役文）　　100
1　ให้［hây ハイ］の基本的用法
2　ให้［hây ハイ］＋A＋動詞
3　動詞 1＋ให้［hây ハイ］＋A＋動詞 2
4　過失と故意　5　原因と結果

■疑問文総まとめ・単語の組み合わせ・買い物などでよく使う形容詞

21課　タクシーを呼んでください（依頼文）　　110
1　（私に）させてください　2　（相手に）〜してください
3　丁寧なお願い　4　勧誘

目次

22課 明日はいい天気になると思います（引用文）　　114
　　1　〜と思う　2　〜すべき、価値がある

23課 これはとても有名な本です（関係代名詞）　　118
　　1　関係代名詞　2　感情を表す語　3　こと、もの

24課 パクチーを入れないでください（命令文・受身文）　　122
　　1　注意　2　命令を表す語　3　指示、禁止
　　4　〜しないで　5　受身表現

25課 タイに行く前に、何をすればいいですか？　　126
　　（時や仮定を表す接続詞）
　　1　時を表す接続詞　2　仮定や譲歩を表す接続詞

　■接続詞と前置詞

文　字
　　Part 1　タイ文字を読む　　132
　　Part 2　声調規則　　142
　　Part 3　例外綴り　　146

練習問題解答　　148

インデックス　　156

本書の使い方

　本書は初めてタイ語を学ぶ方を対象とした文法書です。内容は発音・本文・文字で構成しました。下記のポイントを一読し、さっそくタイ語を始めましょう。

発　音

　最初に発音の方法を学びましょう。いきなりタイ文字を読むには無理があります。ここではカタカナを手掛かりに本文の発音記号（音標表記）を読むための準備をします。

本　文

　1課ごとに「スキット」⇨「スキットの解説」⇨「練習問題」⇨「文法のポイント」の流れになっています。当面はタイ文字でなく発音記号でタイ語のアウトラインを学んでください。

Ⅰ スキット

　課のポイントとなる5つの文です。単語がどのように並んでいるか、単語欄にある発音記号と本文の発音記号をつきあわせながら、単語の配列と文の意味を確認してください。

Ⅱ スキットの解説

　次にスキットの文法事項を解説します。例文は単語を組み替え、関連表現や新出単語も加えました。ここで、いろいろなタイ語の表現をしっかりと身につけることが大切です。

Ⅲ 練習問題

　スキットやスキットの解説にでてきた単語をタイ語で書く練習と、タイ文を和訳する確認問題です。最初は、発音記号だけで練習してみましょう。

　タイ語が身についたと実感するためには、ⅠからⅢを最低3回は繰り返し学習してください。その際、1回目は発音記号だけ、2回目は発音記号と文字と見比べながら、3回目は文字だけで学ぶなど、みなさんのペースにあわせた学習計画を立ててみましょう。

IV 文法のポイント

　主に「文法のための文法」を学びます。ここでは英語でもおなじみの「主部＋述部」と「時制」を取り上げ、タイ語と比べることでタイ語の特徴について考えてみましょう。他に、課のまとめ、応用表現を取り上げた課もあります。タイ語に疑問がでてきた頃に学ぶと効果的です。

※なお、まえがきでも述べたように、タイ語は文法が明確でない面が多くあります。そのため「文法のための文法」も各人各様です。本書もその中の一例としてタイ語理解の手がかりにしてください。

文　字

　「文字は不要、会話ができれば十分」と主張される方も、心のどこかで「やはり文字を読んでみたい」と思っておられるのではないでしょうか… 文字をあきらめた方の大半が、目的の異なる下記3パート（文字・声調規則・特殊規則）と発音を同時に覚えようとされたのです。これははっきり言って無謀です。ゼロから始めるみなさんは、まず下のPart 1を繰り返して20回くらい練習し、問題の答えを覚えてしまいましょう。そうすれば文字は必ず読めるようになります。

Part 1　子音文字と母音文字の組み合わせを学びます。文字の組み合わせだけをわかるようにしてください。発音は棒読み、声調記号は一切無視しましょう。
　❖ Part 1を習得すれば文字学習はほぼ終わったようなものです。
Part 2　声調規則を学びます。単語を覚えながら規則を確認すると効率的です。
Part 3　外来語の例外綴りの紹介です。国語で漢字を覚えることと同じなので、単語の綴りをそのまま覚えてください。

備考
　タイ語は連続表記ですが、本文は単語ごとに分かち書きにしました（インデックスを除く）。みなさんにタイ文字で単語を覚えていただきたいからです。文字で単語を覚えると両隣に知らない単語があっても単語の切れ目が理屈抜きに見分けられます。文字のコーナーでは本文に出てきた単語だけを使いましたので、発音記号に慣れてきた頃、Part 1を見ながら文字と発音記号を突き合わせ、「私」「行く」「学校」などの基礎単語から文字の読み書きを少しずつ練習してください。なお、巻末に語彙集（インデックス）を載せています。辞書を引く練習を兼ねて活用するとさらに効果的です。

発 音

　最初に発音記号（音標表記）の読み方を学びましょう。カタカナ表記を手掛かりに発音記号に慣れることから始めてください。

　タイ語は美しい5つの声調（トーン）を持つ言葉です。まずはタイ語の声調をみておきましょう。

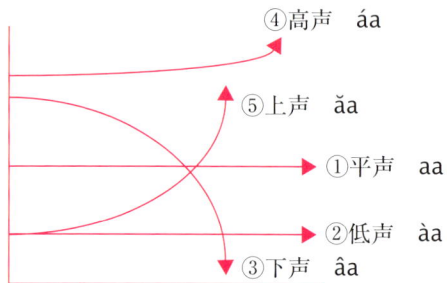

声調と発声方法と声調記号　　　基準となる声調なので声調記号は付けない
① 平声　aa　　普通に「アー」を発音しましょう。
② 低声　àa　　音①よりもかなり低い位置でまっすぐ発音します。
③ 下声　âa　　カラスの鳴き声「カー」のように、上から下へ落ちる感じです。
④ 高声　áa　　平声より高い位置から始まり、終わりが一層高くなります。短母音の場合は、上へはじくように発音します。
⑤ 上声　ǎa　　低い位置より始まり上昇します。

　　　　　　aの上に付いている記号が声調記号

　本書では発音記号だけに声調記号を付け、カタカナに声調記号は付けません。

I 母音の発音

　タイ語の母音は9つあり、日本語の母音は5つです。日本語で「ア」と聞こえるものは「ア」、「イ」と聞こえるものは「イ」、「ウ」と聞こえるものは「ウ」と発音することから始めましょう。母音には短い母音（短母音：表1）と長い母音（長母音：表2）の区別がありますが、発音は「おじさん = ojisan」（短母音）と「おじいさん = ojiisan」（長母音）の違いと同じです。

発　音

2　短母音

日本語の「ア」に聞こえるもの
① a　　日本語の「ア」。

日本語の「イ」に聞こえるもの
② i　　日本語の「イ」と同じですが、やや口をあけて発音するのがコツです。

日本語の「ウ」に聞こえるもの
③ ɯ　　まず前歯を磨くときの口の構えを作り、そのまま日本語の「ウ」を言ってください。
④ u　　ストローで飲むときのように唇を丸くとがらせ日本語の「ウ」と言えば「u」になります。

日本語の「エ」に聞こえるもの
⑤ e　　日本語の「エ」で大丈夫ですが、口を狭めて「エ」と言います（上記 i に近くなります）。
⑥ ɛ　　口を大きくあけて日本語の「エ」を言います。

日本語で「オ」と聞こえるもの
⑦ o　　「u」と同様、唇を丸くとがらせ日本語の「オ」と言えば「o」になります。
⑧ ɔ　　日本語の「オ」で十分通じますが、うがいをするときの口格好で日本語の「オ」を発音すると「ɔ」ができています。

日本語の「アかウ」に聞こえるもの
⑨ ə　　「ア」を発音するときの口格好で日本語の「ウ」を発音してください。

短母音の発音記号とカタカナ表記（表1）

	①	②	③	④	⑤	⑥	⑦	⑧	⑨
発音記号	a	i	ɯ	u	e	ɛ	o	ɔ	ə
カタカナ表記	ア	イ	ウ	ウ	エ	エ	オ	オ	ウ

3　長母音

短母音を長めに発音したものをいいます。

長母音の発音記号とカタカナ表記（表2）

	①	②	③	④	⑤	⑥	⑦	⑧	⑨
発音記号	aa	ii	ɯɯ	uu	ee	ɛɛ	oo	ɔɔ	əə
カタカナ表記	アー	イー	ウー	ウー	エー	エー	オー	オー	ウー

発 音

 4 二重母音

　二重母音は i:a, ɯ:a, u:a の３つがあり、発音は「イーァ」、「ウーァ」のように、語末に軽くアを添えて発音します(表3)。

二重母音の発音記号とカタカナ表記(表3)

③は短く「ゥァ」と聞こえるかもしれません

	①	②	③
発音記号	i:a	ɯ:a	u:a
カタカナ表記	イーァ	ウーァ	ウーァ

❏ 二重母音には、長い二重母音と短い二重母音のふたつがあります。短い二重母音は擬声語や限られた語彙のみに現れるため本書では省略します。

II 子音の発音
①頭子音の発音

▶ 発音ができる最小単位のこと

　頭子音とは単音節の最初に現れる子音をいいます。たとえば kam の k ですが、この場合、最初はカ行に聞こえれば日本語のカ行で発音すれば十分です。子音だけでは発音できないので母音「aa(アー)」を付けて発音してみましょう。

子音とは、舌や唇の動きなど、発声するときに起こる様々な口内の動きのこと

❖ 発音するとき、舌が後ろ(のどの方)へ動く子音

k	日本語のカ行ですが、息を伴いません(カ行で表記)。
kh	これも日本語のカ行ですが、息を伴うカ行です(カ行で表記)。
ŋ	鼻にかけて「ンガ」。「案外(アンガイ)」の「ガ(ga)」が ŋa(ガ行で表記)。

　息を伴わない k も息を伴う kh もカ行で表記します。c と ch(チャ行)、t と th(タ行)、p と ph(パ行)も同様です　発音記号を見て区別できるようにしましょう。
この h は息を伴うことを表す記号です(ハ行とは無関係)

❖ 発音するとき、舌が上に動く子音

c	日本語のチャ行(チャ行で表記)。
ch	日本語のチャ行、「シャ」に近い発音になる場合があります(チャ行で表記)。
y	日本語のヤ行(ヤ行で表記)。

❖ 発音するとき舌が歯の裏に接触するか、擦るような動きをする子音

d	日本語のダ行(ダ行で表記、母音イ・ウの場合ディ・ドゥと表記)。
t	日本語のタ行(タ行で表記、母音イ・ウの場合ティ・トゥと表記)。
th	日本語のタ行に息を伴う(タ行で表記、母音イ・ウの場合ティ・トゥと表記)。
n	日本語のナ行、ŋ のように鼻にかけて発音します(ナ行で表記)。
l	舌を歯の裏につけたまま日本語のラ行を発音します(ラ行で表記)。
s	日本語のサ行(サ行で表記)　si は「シ」ではなく「スィ」(本書ではスィと記します)。

12

発音

❖ 発音するとき唇を一旦閉じるか、唇を擦るような動きをする子音

b	日本語のバ行(バ行で表記)。
p	日本語のパ行(パ行で表記)。
ph	日本語のパ行、息を出すことを意識しましょう(パ行で表記)。
m	日本語のマ行、ŋのように鼻にかけて発音します(マ行で表記)。
f	英語のfの要領でファ、フィ、フ、フェ、フォのように発音します(表記も同様、ファ、フィ、フ、フェ、フォと記します)。
w	日本語のワ行に近く、ワ、ウィ、ウ、ウェ、ウォの要領で発音します(表記も同様、ワ、ウィ、ウ、ウェ、ウォと記します)。

❖ その他 ←タイ人も苦手な子音といわれる

r	巻き舌のラ行ですが、日本語のラ行で発音してもかまいません(ラ行で表記)。
h	日本語のハ行(ハ行で表記)。

＊ rもlもラ行で表記します。 ←普通の「ハ行」、息を出すことを示すhではない

②末子音の発音

末子音とは単音節の最後に現れる子音のことです(たとえばkamのmを指します)。末子音は平音節と促音節の2通りがあります。

5 ❖ 平音節(日本語の「ン」「イ」「オ(またはウ)」で終わる音)

-ŋ「あんがい」の「ん」が末子音ŋ(小文字のンで表記)。
　　yaŋ ヤン　まだ〜　　　khɔ̌ɔŋ コーン　物、〜の

-n「あんない」の「ん」が末子音nです(小文字のンで表記)。
　　khun クン　あなた、〜さん　　ráan ラーン　店

-m「あんまり」の「ん」が末子音mです(小文字のムで表記)。
　　phǒm ポム　私(男性)　　sǎam サーム　3

-y 語尾に軽く「イ」を添えます(小文字のィで表記)。
　　thay タィ　タイ(国)　　khəəy クーィ　〜したことがある

-w 語尾に軽く「オ(またはウ)」を添えます(小文字のォで表記)。
　　kháw カォ　彼、彼女　　mɛɛw メーォ　猫

　　＊ -yを-i, -wを-o-uと表記する場合もありますが発音はどれも同じです。

6 ❖ 促音節

-k「サッカー」と言いかけて「サッ」で止めた「ッ」が末子音kになっています。カタカナ表記は小文字の「ク」で記します。

　　rák ラック　愛する　　lûuk ルーク　子供

発音

-t「ネット」の「ッ」が末子音 t です。カタカナ表記は小文字の「ト」で記します。
　　khít キット　　考える　　　　　bàat バート　　バーツ（タイの通貨名）

-p「コップ」の「ッ」が末子音 p です。カタカナ表記は小文字の「プ」で記します。
　　kèp ケッㇷ゚　　片づける　　　　chɔ̂ɔp チョーㇷ゚　　好き

③二重子音

　　　　　　　　　　　　　　　　会話では発音されないことが多い

　二重子音とは頭子音が2つ連続したものです。最初の子音 k, kh, p, ph に r, l, w が続きます。[kraa] の発音は「クラー」のように [k] に軽く「ゥ」を添えるとうまく発音できます。[l] [w] も同様です。カタカナ表記は「クラー、クワー」と「プラー」のように記します（pw はありません）。他に tr があり、t と r の間には軽く「ォ」を添えて「トラー」のように発音します（tl はありません）。

⑦
　　kwàa クワー　　　　～より
　　klàp クラッㇷ゚　　　帰る　　　　同じカタカナ表記（クラッㇷ゚）でも発音と声調がかなり違うことに注意
　　khráp クラッㇷ゚　　 はい（男性の返事）
　　plaa プラー　　　　 魚
　　phrá プラ　　　　　 僧
　　troŋ トロン　　　　 （5時）ちょうど

　　　　　　　　　　単音節が複数集まった語

⑧　　＊＊＊＊＊＊＊　複音節語カタカナ表記に関して　＊＊＊＊＊＊＊

■発音記号のスペースとカタカナ表記の「・」
　本書では、下の「ホテル（ローンレーム）」のように、複音節の方が1単語としてよく使う場合、発音記号にスペースは入れず、カタカナ表記も原則として音節と音節の間に「・」は入れません。
　　rooŋrɛɛm(rooŋ + rɛɛm) ローンレーム　　ホテル
　　aahǎan(aa + hǎan) アーハーン　　料理

■複音節語の中の単音節語が1単語としてよく使う場合、スペースを入れたものもあります。
　　khon thay(khon（人）+ thay（タイ）) コンタイ　　タイ人

■末子音に続く頭子音が同じ（あるいは近い）場合、下例のように表記したものもあります。
　　campen チャンペン（＝チャムペン）　　必要　　　　　→ m と p は唇を使う子音
　　thammay タンマイ（＝タムマイ）　　どうして？

14

発音

■短母音＋末子音促音節「ッ」(k, t, p) の場合
　phátthayaa パッタヤー（＝パットタヤー）　　パタヤ（地名）
　sawàt dii サワッディー（＝サワットディー）　　こんにちは

＊t は歯の裏で止める末子音、th や d は舌を歯の裏に付けてから発音するので「ト」を省略しても同じ発音になる

ただし長母音の場合は②の末子音表記にしたがいます。
　pàakkaa パークカー　　ペン

■第1音節の末子音と第2音節の頭子音の位置が近い例
　àat cà アーチャ（＝アート・チャ）　　たぶん〜

■母音が続く場合：第2音節が母音で始まる場合、発音記号にスペースを入れる。
　sa àat サアート（＝サ・アート）　　清潔

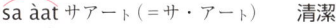
sa ʔàat と発音記号 ʔ を入れて音節区分を明確にすることもある（本書では ʔ を省略する）

9 練習

次の発音記号に対応するカタカナ表記を書いて、CD で確認してみましょう。
① yîipùn　② sabaay　③ nǎŋsɯ̌ɯ　④ rooŋri:an　⑤ dinsɔ̌ɔ
⑥ aŋkrìt　⑦ phû:ak　⑧ lɛ́ɛw　⑨ kəən　⑩ kamphuuchaa
⑪ chi:aŋmày　⑫ tham ŋaan

[解答] ①イープン「日本」　②サバーイ「元気な」　③ナンスー「本」　④ローンリーァン「学校」　⑤ディンソー「鉛筆」　⑥アンクリット「英国」　⑦プーアック「〜達」　⑧レーォ（完了を表す）　⑨クーン「越える」　⑩カンプーチャー「カンボジア」　⑪チーァンマイ「チェンマイ（地名）」　⑫タムガーン「仕事をする」

注）ここまでのカタカナ表記は本書の発音記号を読むための約束事です。

15

1課

こんにちは（名詞文・指示代名詞）

1課のポイント

この課では、まずタイ語の基本的なあいさつから始め、指示代名詞（これ、それ、あれ）や「AはBです」のように名詞と名詞をつなぐ文（名詞文）を学びましょう。

สวัสดี ค่ะ　　　　　こんにちは。
sawàt dii khâ
サワッディー・カ

สบาย ดี ไหม คะ　　お元気ですか？
sabaay dii mǎy khá
サバーイ・ディー・マイ・カ

会話では高声[máy マイ]
で発音することが多い

นี่ (คือ) คุณ มาลี ครับ　　こちらはマーリーさんです。
nîi (khɯɯ) khun maalii khráp
ニー（・クー）・クン・マーリー・クラップ

คุณ มาลี เป็น คนไทย　　マーリーさんはタイ人です。
khun maalii pen khon thay
クン・マーリー・ペン・コンタイ

คุณ มาลี ไม่ ใช่ คนญี่ปุ่น　　マーリーさんは日本人ではありません。
khun maalii mây chây khon yîipùn
クン・マーリー・マイ・チャイ・コンイープン

単語　สวัสดี [sawàt dii サワッディー] こんにちは　　ค่ะ [khâ カ] / คะ [khá カ]（文末の丁寧語＜女性用＞）　สบาย [sabaay サバーイ] 元気な、楽な　　ดี [dii ディー] 良い　　ไหม [mǎy マイ] 〜ですか　นี่ [nîi ニー] これ、こちら　　คือ [khɯɯ クー] すなわち　　คุณ [khun クン] 〜さん、あなた　มาลี [maalii マーリー] マーリー（人名）　　ครับ [khráp クラップ]（文末の丁寧語＜男性用＞）　　เป็น [pen ペン] 〜です　　คน [khon コン] 人　　ไทย [thay タイ] タイ　　ไม่ ใช่ [mây chây マイ・チャイ] 〜ではない　　ไม่ [mây マイ] 〜でない（否定を表す）　　ญี่ปุ่น [yîipùn イープン] 日本

16

こんにちは　1課

1　タイ語のあいさつ

出会ったときは「サワッディー！」と言いましょう（目上の人には合掌します）。
タイ語では、話者が男性の場合、文末に ครับ [khráp クラップ]、女性なら文末に ค่ะ [khâ カ] を付けると丁寧になります。呼びかけや、疑問文では ค่ะ [khâ カ] は声調が高声に変わり、คะ [khá カ] になります。

下声は「カー」と長めに発音することが多い

สวัสดี ค่ะ　　　　　　　　　　　こんにちは。
sawàt dii　khâ サワッディー・カ

朝（おはよう）でも夜（こんばんは）でも使える

คุณ สมชาย คะ สบาย ดี ไหม คะ　ソムチャーイさん、お元気ですか？
khun sŏmchaay khá　sabaay dii măy khá クン・ソムチャーイ・カ・サバーィ・ディー・マィ・カ

สบาย ดี ครับ　　　　　　　　　元気です。
sabaay dii khráp サバーィ・ディー・クラップ

呼びかけと、疑問文の声調は高声です

2　指示代名詞

あるものを見て、話者が近いと感じたら นี่ [nîi ニー]、遠いと感じたら นั่น [nân ナン] を使います。かなり遠く感じたら โน่น [nôon ノーン] を使うこともあります。指示代名詞は、主語として使う場合と、修飾語として使う場合では声調が変わるので注意しましょう。

	近い	遠い	かなり遠い（あちら・むこう）
①主語	これ　นี่ nîi ニー	それ・あれ　นั่น nân ナン	あちら　โน่น nôon ノーン
②修飾語	この　นี้ níi ニー	その・あの　นั้น nán ナン	あちらの　โน้น nóon ノーン

日本でタイを「あちら」という場合などにも使える

①主語の場合（これは～です、それは（あれは）～です）

นี่ ปากกา　　　　　　　これはペンです。
nîi pàakkaa ニー・パークカー

นั่น หนังสือ　　　　　　それは/あれは本です。
nân năŋsɯ̌ɯ ナン・ナンスー

②修飾語の場合（この～、その（あの）～）　→綴りと発音が変わる（表の②を使う）

指示代名詞を名詞の後ろに置きます、日本語や英語と逆なので注意しましょう。

ปากกา นี้ [pàakkaa níi パークカー・ニー] このペン（ペン←この）
โรงเรียน นั้น [rooŋri:an nán ローンリーァン・ナン] その学校、あの学校（学校←その・あの）
โรงเรียน โน้น [rooŋri:an nóon ローンリーァン・ノーン] あちらの学校（学校←あちらの）

17

1課　こんにちは

■指示代名詞のほかに名詞も、後ろの語が前の語にかかります。

หนังสือ ไทย [nǎŋsɯ̌ɯ thay ナンスー・タィ] タイの本（本←タイ）

ดินสอ โรงเรียน [dinsɔ̌ɔ rooŋri:an ディンソー・ローンリーアン] 学校の鉛筆（鉛筆←学校）

[単語] ปากกา [pàakkaa パークカー] ペン　หนังสือ [nǎŋsɯ̌ɯ ナンスー] 本　โรงเรียน [rooŋri:an ローンリーアン] 学校　ดินสอ [dinsɔ̌ɔ ディンソー] 鉛筆

3　名詞文（A は B です）

名詞文「A（名詞）は B（名詞）です」は①から③の3つです。　否定文「A（名詞）は B（名詞）ではありません」は「A ไม่ ใช่ [mây chây マィ・チャィ] B」で表します。ไม่ [mây マィ] は否定「～でない」、ใช่ [chây チャィ] は「そのとおり」「正しい」という意味です。

①	A（指示代名詞）+（動詞なし）B	A = B を表します
②	A（名詞全般）+ เป็น [pen ペン] + B	属性を表す เป็น [pen ペン] は英語の *belong*、*become* のニュアンスを含みます
③	A（名詞全般）+ คือ [khɯɯ クー] + B	一致を表す（「すなわち～」のように強い一致を表します）

① นี่ โรงเรียน คุณ มาลี　これはマーリーさんの学校です。
nîi rooŋri:an khun maalii ニー・ローンリーアン・クン・マーリー

[否定文] นี่ ไม่ ใช่ โรงเรียน คุณ มาลี
nîi mây chây rooŋri:an khun maalii ニー・マィ・チャィ・ローンリーアン・クン・マーリー
これはマーリーさんの学校ではありません。

② หนังสือ นี้ เป็น หนังสือ ญี่ปุ่น　この本は日本の本です。
nǎŋsɯ̌ɯ níi pen nǎŋsɯ̌ɯ yîipùn ナンスー・ニー・ペン・ナンスー・イープン

[否定文] หนังสือ นี้ ไม่ ใช่ หนังสือ ญี่ปุ่น
nǎŋsɯ̌ɯ níi mây chây nǎŋsɯ̌ɯ yîipùn ナンスー・ニー・マィ・チャィ・ナンスー・イープン
この本は日本の本ではありません。

③ นี่ คือ คุณ มาลี　こちらが＜すなわち＞マーリーさんです。
nîi khɯɯ khun maalii ニー・クー・クン・マーリー

[否定文] นี่ ไม่ ใช่ คุณ มาลี　こちらはマーリーさんではありません。
nîi mây chây khun maalii ニー・マィ・チャィ・クン・マーリー

こんにちは　1課

練習問題1

1 単語練習：次の日本語をタイ語に訳してみましょう。
①これ　②この　③それ　④その　⑤日本　⑥〜です（属性を表す動詞）
⑦すなわち　⑧タイ　⑨学校　⑩ペン　⑪本　⑫良い

2 次のタイ語を和訳してください。

① นี่ ดินสอ
　nîi dinsɔ̌ɔ ニー・ディンソー

② นั่น ไม่ ใช่ หนังสือ ไทย
　nân mây chây nǎŋsɯ̌ɯ thay ナン・マイ・チャイ・ナンスー・タイ

③ โน่น คือ โรงเรียน
　nôon khɯɯ rooŋri:an ノーン・クー・ローンリーァン

解答はP148

文法のポイント

後ろの語が前の語を修飾する。

　タイ語は後ろの語が前の語を修飾します。日本語、英語とは逆なので注意しましょう。

ปากกา นี้* 　このペン（名詞（ペン）←指示代名詞（この））
pàakkaa níi* パークカー・ニー
ペン　この
　　　　　　　　　*นี้ [nîi ニー] ではありません（声調符号に注目）

หนังสือ ไทย 　タイの本（名詞（本）←名詞（タイ））
nǎŋsɯ̌ɯ thay ナンスー・タイ
本　　タイ

คน ดี 　良い人（名詞（人）←形容詞（良い））
khon dii コン・ディー
人　良い

19

2 課

私は学生です（名詞文・人称代名詞）

2課のポイント

この課では「私、あなた、彼、彼女」などを表す人称代名詞と、名詞文に関連した疑問文を学びましょう。

คุณ ราตรี เป็น อาจารย์ หรือ เปล่า ครับ
khun raatrii pen aacaan rǔɯ plàw khráp
クン・ラートリー・ペン・アーチャーン・ルー・プラォ・クラップ
ラートリーさんは先生ですか？

読まない文字。読まないからといって書かないと誤字になる

－ ไม่ ใช่ ค่ะ ดิฉัน ไม่ ใช่ อาจารย์
mây chây khâ　dichán mây chây aacaan
マイ・チャイ・カ　ディチャン・マイ・チャイ・アーチャーン
ちがいます、私は先生ではありません。

เขา เป็น ใคร　　彼は誰ですか？
kháw pen khray
カオ・ペン・クライ

เขา เป็น เพื่อน ของ คุณ ใช่ ไหม คะ　彼はあなたの友人でしょ？
kháw pen phɯ̂:an khɔ̌ɔŋ khun chây mǎy khá
カオ・ペン・プーアン・コーン・クン・チャイ・マイ・カ

－ ใช่ ครับ เขา ก็ เป็น เพื่อน ผม　そうです、彼女も私の友人です。
chây khráp　kháw kɔ̂ɔ pen phɯ̂:an phǒm
チャイ・クラップ　カオ・コー・ペン・プーアン・ポム

「彼」と「彼女」は同じ単語

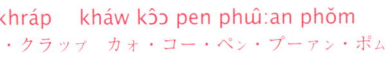

単語　ราตรี [raatrii ラートリー] ラートリー（人名）　อาจารย์ [aacaan アーチャーン] 先生　หรือ เปล่า [rǔɯ plàw ルー・プラォ] ～ですか　ดิฉัน [dichán ディチャン] 私（女性）　เขา [kháw カオ] 彼、彼女　ใคร [khray クライ] 誰　เพื่อน [phɯ̂:an プーアン] 友人　ของ [khɔ̌ɔŋ コーン] ～の、物　ใช่ ไหม [chây mǎy チャイ・マイ] ～でしょ　ก็ [kɔ̂ɔ コー] ～も　ผม [phǒm ポム] 私・ぼく（男性）

「アチャーン」と発音することが多い

私は学生です　2課

1　人称代名詞

「私、あなた、彼、彼女」などを表す語（人称代名詞）は次のとおりです。

	単数	複数
1人称	ดิฉัน [dichán ディチャン] 私（女性） ผม [phǒm ポム] 私・ぼく（男性）	เรา [raw ラオ] 私たち（単数「私」でも使える） พวก เรา [phû:ak raw プーアク・ラオ] 私たち
2人称	คุณ [khun クン] あなた	พวก คุณ [phû:ak khun プーアック・クン] あなた方
3人称	เขา [kháw カオ] 彼女、彼 มัน [man マン] それ	พวก เขา [phû:ak kháw プーアック・カオ] 彼女たち / 彼ら พวก มัน [phû:ak man プーアック・マン] それら

男女どちらにも使える

■1人称単数（私）は男女で言い方が異なります。　「群れ」という意味
■単数の前に พวก [phû:ak プーアック] を置くと複数になります。
■2人称（あなた）の คุณ [khun クン] は人名の前に置くと「～さん」を表します（1課）。

2　所有を表す語

A ของ [khɔ̌ɔŋ コーン] B で「BのA」を表します。ของ [khɔ̌ɔŋ コーン] を入れると所有関係が明確になります。ของ [khɔ̌ɔŋ コーン] は「物（もの）」という意味もあるので注意しましょう。

นี่ หนังสือ ของ ดิฉัน　これは私の本です。　ของ [khɔ̌ɔŋ コーン] は省略できます
nîi nǎŋsɯ̌ɯ khɔ̌ɔŋ dichán ニー・ナンスー・コーン・ディチャン

หนังสือ นี้ เป็น ของ เขา　この本は彼（彼女）のものです。
nǎŋsɯ̌ɯ níi pen khɔ̌ɔŋ kháw ナンスー・ニー・ペン・コーン・カオ

3　名詞文の疑問文

名詞文の質問「A（名詞）はB（名詞）ですか？」は次のように言います。

	表現		肯定の返答 （そうです）	否定の返答 （ちがいます）
①	～ですか？ （～か否か？）	～ หรือ เปล่า* rɯ̌ɯ plàw* ルー・プラオ	ใช่ chây チャイ	ไม่ ใช่ mây chây マイ・チャイ
②	～でしょ？ （確認）	～ ใช่ ไหม chây mǎy チャイ・マイ		

*「プラオ」だけで否定の返答（いいえ）になる。会話では「なんでもない」という場面でも使う

2課　私は学生です

นี่ หนังสือ ของ โรงเรียน หรือ เปล่า　これは学校の本ですか？
nîi nǎŋsʉ̌ʉ khɔ̌ɔŋ rooŋriːan rʉ̌ʉ plàw ニー・ナンスー・コーン・ローンリーアン・ルー・プラォ

- ใช่　そうです。　　- ไม่ ใช่　ちがいます。
  châi チャイ　　　　　mâi châi マイ・チャイ

พวก คุณ เป็น เพื่อน ของ อาจารย์ ใช่ ไหม　あなたがたは先生の友人でしょ？
phûːak khun pen phʉ̂ːan khɔ̌ɔŋ aacaan châi mǎi
プーアック・クン・ペン・プーアン・コーン・アーチャーン・チャイ・マイ

พวก[phûːak プーアック]を付け複数「友人たち」にする必要はありません

- ใช่*　そうです。　　- ไม่ ใช่　ちがいます。
  châi チャイ　　　　　mâi châi マイ・チャイ

*ใช่[châi チャイ]の意味は「正しい」

4　誰ですか
「A（名詞）は誰（ですか）？」とたずねるとき、ใคร[khrai クライ]を文末に置きます。

เขา เป็น ใคร　彼女は誰ですか？
khǎw pen khrai カォ・ペン・クライ

返答は国籍（タイ人）や名前（ナオコさん）などでもOK

เขา เป็น นักเรียน ของ ผม　彼女は私の生徒です。
khǎw pen nák riːan khɔ̌ɔŋ phǒm カォ・ペン・ナックリーアン・コーン・ポム

単語 นักเรียน[nák riːan ナックリーアン] 学生、生徒

5　〜も

綴りが特殊なので注意

主語のあとに ก็[kɔ̂ɔ コー]を置き、「〜も」を表します。

เขา ก็ เป็น เพื่อน ผม　彼も私の友人です。
khǎw kɔ̂ɔ pen phʉ̂ːan phǒm カォ・コー・ペン・プーアン・ポム

นั่น ก็ หนังสือ ญี่ปุ่น　それも日本の本です。
nân kɔ̂ɔ nǎŋsʉ̌ʉ yîipùn ナン・コー・ナンスー・イープン

参考
話し言葉では เป็น[pen ペン]や คือ[khʉʉ クー]の代わりに ใช่[châi チャイ]を使うことがあります。

例　นี่ ใช่ คุณ มาลี　こちらはマーリーさんです。（P16）
　　nîi châi khun maalii ニー・チャイ・クン・マーリー

คุณ ราตรี ใช่ อาจารย์ หรือ เปล่า　ラートリーさんは先生ですか？（P20）
khun raatrii châi aacaan rʉ̌ʉ plàw クン・ラートリー・チャイ・アーチャーン・ルー・プラォ

＊会話での質問や返答によく現れます。

私は学生です　2課

練習問題2

1　単語練習：次の日本語をタイ語にして、発音してみましょう。
①私（2とおり）　②あなた　③彼、彼女　④先生　⑤学生　⑥誰　⑦〜も
⑧友達　⑨〜ですか　⑩〜でしょ　⑪そうです　⑫ちがいます

2　次のタイ語を和訳してください。

① คุณ เป็น เพื่อน ของ เขา หรือ เปล่า
khun pen phɯ̂ːan khɔ̌ːŋ kháw rɯ̌ɯ plàw　クン・ペン・プーアン・コーン・カォ・ルー・プラォ

② เขา ก็ เป็น นักเรียน ใช่ ไหม
kháw kɔ̂ː pen nák riːan chây mǎy　カォ・コー・ペン・ナックリーアン・チャイ・マイ

③ นี่ หนังสือ ของ ใคร
nîi nǎŋsɯ̌ɯ khɔ̌ːŋ khray　ニー・ナンスー・コーン・クライ

解答はP148

主語や主語の性質について説明する語

述語とは主語について説明する語句

文法のポイント

名詞文では、指示代名詞が主語の場合、補語は動詞を使わずそのまま述語になりますが、人称代名詞が主語の場合、**เป็น** [pen ペン]などの動詞が必要になります。

①指示代名詞+補語

นี่　ปากกา　　　これはペンです。

ニュアンスによっては、動詞 เป็น [penペン]、คือ [khɯɯ クー]を入れることもある

nîi　pàakkaa　ニー・パークカー
主語　補語（述語）　＊主語＝これ、補語＝ペン
主部　述部

②人称代名詞+動詞+補語

ดิฉัน　เป็น　นักเรียน　　私は学生です。

dichán　pen　nák riːan　ディチャン・ペン・ナックリーアン
主語　動詞（述語）補語　＊主語（主部）＝私、動詞＝〜です、補語＝学生
主部　　　　述部

→本書では主語が1単語の場合も述部に対し「主部」と記す

主部と述部について

主語とその修飾語からできている部分を主部といいます。一方、主語または主部の説明をする部分を述部といい、一般に述語（動詞）と述語を修飾する語で構成されます。タイ語には動詞がない文があり、補語、形容詞、前置詞句、副詞句が直接述部になることもあります。以後、ポイント欄で述べる主部・述部からタイ語独特の文構成を学んでください。

3 課

タイ料理は辛いですか？
(動詞文・形容詞文)

3課のポイント
この課では、動詞文・形容詞文の基本的な並べ方と、動詞・形容詞を使った疑問文を学びましょう。

อาหารไทย เผ็ด ไหม ครับ　　タイ料理は辛いですか？
aahăan thay phèt măy khráp
アーハーン・タイ・ペット・マイ・クラップ

ー เผ็ด นิดหน่อย แต่ อร่อย มาก　　少し辛いけれどとてもおいしいです。
phèt nítnɔ̀y tɛ̀ɛ arɔ̀y mâak　　　すでにわかっている主語（ここで
ペット・ニットノイ・テー・アロイ・マーク　　はタイ料理）は省略する方が自然

เขา ชอบ อาหาร เผ็ด ใช่ ไหม　　彼は辛い料理が好きなのでしょ？
kháw chɔ̂ɔp aahăan phèt chây măy
カオ・チョープ・アーハーン・ペット・チャイ・マイ

กิน อาหาร ไทย ไหม　　タイ料理を食べませんか？
kin aahăan thay măy
キン・アーハーン・タイ・マイ

ー กิน ค่ะ　ผลไม้ ไทย ก็ อร่อย ดี นะ
kin khâ　　phŏnlamáay thay kɔ̂ɔ arɔ̀y dii ná
キン・カ　　ポンラマーイ・タイ・コー・アロイ・ディー・ナ
食べます、タイのくだものもとてもおいしいですね。

単語 อาหาร [aahăan アーハーン] 料理　　เผ็ด [phèt ペット] 辛い　　ไหม [măy マイ] 〜ですか（〜しませんか）　　นิดหน่อย [nítnɔ̀y ニットノイ] 少し　　แต่ [tɛ̀ɛ テー] しかし　　อร่อย [arɔ̀y アロイ] おいしい　　มาก [mâak マーク] とても　　ชอบ [chɔ̂ɔp チョープ] 好き　　กิน [kin キン] 食べる　　ผลไม้ [phŏnlamáay ポンラマーイ] くだもの　　นะ [ná ナ] ね (語調を和らげる)
　　　この語は音節の最後にくると語末をのばす

24

タイ料理は辛いですか？　3課

1　動詞文と形容詞文

①動詞文の並べ方　　　　　　　→動作をこうむる対象

動詞文は「主語＋動詞＋目的語」の順に並べます。

ผม กิน อาหาร ญี่ปุ่น　私は日本料理を食べます。
phǒm　kin　aahǎan yîipùn　ポム・キン・アーハーン・イープン
主語　動詞（述語）　目的語　　＊主語＝私＋動詞（述語）＝食べる＋目的語＝日本料理
主部　　　　述部

②形容詞文の並べ方

形容詞文は英語の be 動詞に似た **เป็น**[pen ペン]や **คือ**[khɯɯ クー]を使わず、「主語＋形容詞」の順に並べます。

อาหาร ไทย เผ็ด　タイ料理は辛いです。
aahǎan thay　　phèt　アーハーン・タイ・ペット
主語　　　形容詞（述語）　＊主語＝タイ料理＋形容詞（述語）＝辛い
主部　　　　述部　　　→形容詞だけで述語（述部）になる

2　動詞文・形容詞文の疑問文と答え方

→名詞文には使わない

動詞文・形容詞文の疑問文はどちらも、文末に **ไหม**[mǎy マイ]を置きます。返答は聞かれた動詞・形容詞を使います。否定文は動詞・形容詞の前に **ไม่**[mây マイ]を置きます。

คุณ กิน อาหาร ญี่ปุ่น ไหม　あなたは日本料理を食べますか？
khun kin aahǎan yîipùn mǎy クン・キン・アーハーン・イープン・マイ

→動詞文に **ไหม**[mǎy マイ]が付くと、勧誘を表すことが多い

− **กิน นิดหน่อย**　少し食べます。　　　− **ไม่ กิน**　食べません。
　kin nítnɔ̀y キン・ニットノイ　　　　　mây kin マイ・キン

อาหารไทย เผ็ด ไหม　タイ料理は辛いですか？
aahǎan thay phèt mǎy アーハーン・タイ・ペット・マイ

→ **ไหม**[mǎy マイ]が形容詞文に付くと、肯定の返答を期待（同意を求める）ことがある

− **เผ็ด มาก**　とても辛いです。　　　− **ไม่ เผ็ด**　辛くないです。
　phèt mâak ペット・マーク　　　　　mây phèt マイ・ペット

3　動詞文・形容詞文の疑問文

動詞文・形容詞文の疑問文には **ไหม**[mǎy マイ]以外に、名詞文の疑問形 **ใช่ ไหม**[chây mǎy チャイ・マイ]や **หรือ เปล่า**[rɯ̌ɯ plàw ルー・プラオ]も使えます。ニュアンスは名詞文の場合と同じです。

3課　タイ料理は辛いですか？

เขา ชอบ เผ็ด ใช่ ไหม　　彼は辛いのが好きなのでしょ？
kháw chɔ̂ɔp phèt chây mǎy　カオ・チョープ・ペット・チャイ・マイ

→ 形容詞（辛い）を英語の目的語の位置に置ける
→ 彼は辛いのが好きだと確信している

อาหารไทย อร่อย หรือ เปล่า　　タイ料理はおいしいですか？
aahǎan thay arɔ̀y rɯ̌ɯ plàw　アーハーン・タイ・アロィ・ルー・プラォ

→ タイ料理がどのような料理か確認している

4　形容詞の特徴

① 形容詞の副詞的用法

「動詞＋形容詞」の場合、形容詞を副詞的に訳すこともできます。

เขา เขียน สวย　彼は美しく書く（＝彼は書くのが美しい）。
kháw khǐan sǔay　カォ（彼）・キーァン（書く）・スーァィ（美しい）

→ タイ語では形容詞と副詞を無理に区別する必要はない

② 形容詞＋ดี [dii ディー]「良い」で形容詞の良さを表現します。

สวย ดี　とても美しい。（直訳：美しくて良い）
sǔay dii　スーァィ（美しい）・ディー（良い）

③ 形容詞も後ろから名詞にかかります。

อาหาร อร่อย　おいしい料理
aahǎan arɔ̀y　アーハーン（料理）・アロィ（おいしい）

[否定文] อาหาร ไม่ อร่อย　おいしくない料理
aahǎan mây arɔ̀y　アーハーン・マイ・アロィ　料理←〜ない＋おいしい＝おいしくない

＊動詞の場合も同様で、「バス」＋「行く」＋「パタヤ」と単語を並べれば「パタヤへ行くバス」、「バス」＋「〜ない」＋「行く」＋「パタヤ」は「パタヤへ行かないバス」となります。

[単語] เขียน [khǐan キーァン] 書く　　สวย [sǔay スーァィ] 美しい

5　逆接の接続詞

แต่ [tɛ̀ɛ テー] は逆接「しかし」を表します。

อาหาร ไทย เผ็ด แต่ ชอบ มาก　タイ料理は辛いけれど、とても好きです。
aahǎan thay phèt tɛ̀ɛ chɔ̂ɔp mâak　アーハーン・タイ・ペット・テー・チョープ・マーク

6　語調を和らげる語

文末に นะ [ná ナ] を付け語調を和らげます。日本語の「ね」「よ」などに似ています。語調によっては命令や強い主張を表す文になります。

สวย มาก นะ　とても美しいですね。
sǔay mâak ná　スーァィ・マーク・ナ

練習問題 3

1 単語練習：次の日本語をタイ語にして、発音してみましょう。
①食べる　②料理　③くだもの　④辛い　⑤好き　⑥おいしい　⑦美しい
⑧しかし　⑨とても　⑩少し　⑪(〜です)ね　⑫書く

2 次のタイ語を和訳してください。

① อาหาร ญี่ปุ่น ไม่ เผ็ด
aahăan yîipùn mây phèt アーハーン・イープン・マイ・ペット

② ผลไม้ นี้ ก็ อร่อย ไหม
phŏnlamáay níi kɔ̂ɔ arɔ̀y mǎy ポンラマーイ・ニー・コー・アロイ・マイ

③ คุณ ชอบ หนังสือ ไทย หรือ เปล่า
khun chɔ̂ɔp năŋsɯ̌ɯ thay rɯ̌ɯ plàw クン・チョープ・ナンスー・タイ・ルー・プラオ

解答はP148

文法のポイント

基礎語順（名詞文・動詞文・形容詞文）　　→ 指示代名詞＋補語(2課 P23)では補語が直接述語(述部)になる

①名詞文 ⇨ 主語＋動詞＋補語

ผม　　เป็น　นักเรียน　　私は学生です。
phŏm　pen　nák ri:an　ポム(私)・ペン(〜です)・ナックリーアン(学生)
主語　　動詞　　補語
主部　　　　　述部

②動詞文 ⇨ 主語＋動詞＋目的語

เขา　กิน　อาหาร　ไทย　　彼はタイ料理を食べます。
kháw　kin　aahăan thay　カォ(彼)・キン(食べる)・アーハーン・タイ(タイ料理)
主語　動詞　　目的語
主部　　　　述部

③形容詞文 ⇨ 主語＋形容詞

หนังสือ นี้　สวย　　この本は美しい。
năŋsɯ̌ɯ　níi　sǔ:ay　ナンスー(本)・ニー(この)・スーァィ(美しい)
主語　　代名詞　形容詞(述語)　　→ 形容詞は単独で述語(述部)になる
　主部　　　　　述部

＊伝統的に動作を表す語を「動詞」、状態を表す語を「形容詞」といいますが少し補足します。頭の中で動作が描写できる語を動詞、心の中に描かれた事物(人やもの)の性質や状態を表す語を形容詞と一応区別してください。形容詞は動詞よりも静止感が強調されます。

4課

明日、私はタイに行きます（動詞文）

4課のポイント

　この課では、動詞の時制や選択疑問文（AかBか？）、否定疑問文（〜ではないのか）、動詞の連続など動詞文に関連した文を学びましょう。

พรุ่งนี้ ผม ไป เมืองไทย
phrûŋ níi phǒm pay mɯːaŋ thay
プルンニー・ポム・パイ・ムーアンタイ

明日、私はタイに行きます。

มา เที่ยว เมืองไทย สนุก มาก
maa thîːaw mɯːaŋ thay sanùk mâak
マー・ティーアォ・ムーアンタイ・サヌック・マーク

タイ観光はとても楽しいです。

จะ ไป ภูเก็ต หรือ เชียงใหม่
cà pay phuukèt rɯ̌ɯ chiːaŋmày
チャ・パイ・プーケット・ルー・チーアンマイ
プーケットかチェンマイのどちらへ行きますか？

－ จะ ไป เที่ยว เชียงใหม่
cà pay thîːaw chiːaŋmày
チャ・パイ・ティーアォ・チーアンマイ

チェンマイ観光に行くつもりです。

「遊びに行く」と訳すことが多い

วันนี้ เขา จะ มา กรุงเทพฯ หรือ
wan níi kháw cà maa kruŋthêep rɯ̌ɯ
ワンニー・カォ・チャ・マー・クルンテープ・ルー
今日、彼は（本当に）バンコクに来るのですか？

単語 พรุ่งนี้[phrûŋ níi プルンニー]明日　ไป[pay パイ]行く　เมืองไทย[mɯːaŋ thay ムーアンタイ]タイ（เมือง[mɯːaŋ ムーアン]国、町）　มา[maa マー]来る　เที่ยว[thîːaw ティーアォ]観光する　สนุก[sanùk サヌック]楽しい　จะ[cà チャ]（未確定の事柄を表す助動詞）　ภูเก็ต[phuukèt プーケット]プーケット（地名）　หรือ[rɯ̌ɯ ルー]または　เชียงใหม่[chiːaŋmày チーアンマイ]チェンマイ（地名）　วันนี้[wan níi ワンニー]今日（วัน[wan ワン]日）　กรุงเทพฯ[kruŋthêep クルンテープ]バンコク（タイの首都）

＊タイの首都バンコクは กรุงเทพฯ[kruŋthêep クルンテープ]といい、単語の最後に付いた ฯ は省略符号です。省略部分は「（クルンテープ・）マハーナコーン・アンモーンラッタナーコーシン…」と続きます。世界一長い首都名といわれています。

28

明日、私はタイに行きます　4課

1 タイ語の語尾変化と時制

タイ語は、主語の人称変化、単数・複数による動詞の語形変化や時制による語尾変化（活用）はありません。過去や未来は、時を表す名詞（時間名詞）や助動詞を使って表します。

昨日、彼は日本に行きました。（過去）

  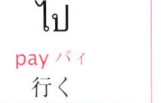 

今日、彼は日本に行きます。（現在）

明日、彼は日本に行きます。（未来）

2 未確定な事柄を表す語

助動詞 จะ [cà チャ] は話者の意志や予定・推量など未確定な事柄を表すため、未来を表す文によく使います。

① พรุ่งนี้ ผม จะ ไป กรุงเทพฯ　　明日、私はバンコクに行くつもりです。
phrûŋ níi phǒm cà pay kruŋthêep プルンニー・ポム・チャ・パイ・クルンテープ

← 主語が1・2人称なら、意志「〜するつもり」を表す

พรุ่งนี้ เขา จะ ไป กรุงเทพฯ　　明日、彼はバンコクに行くでしょう。
phrûŋ níi kháw cà pay kruŋthêep プルンニー・カォ・チャ・パイ・クルンテープ

← 主語が3人称なら、推量「〜だろう」を表す

② 時間名詞が「今日」（現在）でも จะ [cà チャ] が使えます（「昨日」（過去）にはあまり使いません）。

วันนี้ ผม จะ ไป กรุงเทพฯ　　今日、私はバンコクに行くつもりです。
wan níi phǒm cà pay kruŋthêep ワンニー・ポム・チャ・パイ・クルンテープ

①②どちらの文も จะ [cà チャ] がないと確実に行くという意思表示になる

4課　明日、私はタイに行きます

3　選択疑問文

หรือ [rɯ̌ɯ ルー] は「A または B」の「または」に相当します。

จะ ไป ภูเก็ต หรือ เชียงใหม่　　プーケットまたはチェンマイのどちらへ行きますか？
cà pay phuukèt rɯ̌ɯ chi:aŋmày　チャ・パイ・プーケット・ルー・チーァンマイ

「プーケットまたはチェンマイのどちらかへ行きます」という意味にもなる（場面次第）

4　否定疑問文

否定疑問文「～しないのですか？」は ไม่ [mây マイ] + 動詞～ หรือ [rɯ̌ɯ ルー] です。

(จะ) ไม่ ไป ภูเก็ต หรือ　　プーケットに行かないのですか？
(cà) mây pay phuukèt rɯ̌ɯ　（チャ・）マイ・パイ・プーケット・ルー

- ไม่ ไป　　行きません。　　- ไป　　行きます。　　ไหม [mǎy マイ] ではないので注意！
　mây pay マイ・パイ　　　　　　　pay パイ

「はい、行きません」の意。返答が「はい」(ค่ะ [khâ カ] / ครับ [khráp クラップ])
だけの場合、「行かない」という意思表示になる（英語と逆なので注意）

なお、หรือ [rɯ̌ɯ ルー] で終わる疑問文は、2課の หรือ เปล่า [rɯ̌ɯ plàw ルー・プラォ]
「～ですか」と同じ意味ですが、文末を強調すると意外・疑い・心配・残念などのニュ
アンスが強くなります。

จะ ไป ภูเก็ต หรือ　　（本当に）プーケットに行くのですか？
cà pay phuukèt rɯ̌ɯ　チャ・パイ・プーケット・ルー

5　動詞の連続（パターン1）

本課のスキットのように、タイ語は単文に動詞を複数置くことができます。

ไป [pay パイ] + 動詞「～しに行く」/ มา [maa マー] + 動詞「～しに来る」

ไป กิน ข้าว　　食事をしに行く。
pay kin khâaw パイ・キン・カーォ

มา เที่ยว กรุงเทพฯ　　バンコクに観光に来る / 遊びに来る。
maa thî:aw kruŋthêep マー・ティーァオ・クルンテープ

語句　กิน ข้าว [kin khâaw キン・カーォ] 食事をする（ข้าว [khâaw カーォ] ご飯、米）

明日、私はタイに行きます　4課

練習問題 4

1 単語練習：次の日本語をタイ語にして、発音してみましょう。
①行く　②来る　③観光する　④食事をする　⑤楽しい　⑥または
⑦今日　⑧明日　⑨昨日　⑩（未確定の事柄を表す助動詞）　⑪バンコク
⑫チェンマイ　⑬プーケット

2 次のタイ語を和訳してください。

① วันนี้ จะ ไป กิน อาหาร ไทย หรือ อาหาร ญี่ปุ่น
wan níi cà pay kin aahǎan thay rɯ̌ɯ aahǎan yîipùn
ワンニー・チャ・パイ・キン・アーハーン・タイ・ルー・アーハーン・イープン

② พรุ่งนี้ เขา จะ ไม่ ไป เที่ยว เชียงใหม่ หรือ
phrûŋ níi kháw cà mây pay thîːaw chiːaŋmày rɯ̌ɯ
プルンニー・カォ・チャ・マイ・パイ・ティーアォ・チーアンマイ・ルー

③ เขา มา เมืองไทย เมื่อวานนี้ หรือ
kháw maa mɯːaŋ thay mɯ̂ːa waan níi rɯ̌ɯ
カォ・マー・ムーァンタイ・ムーァワーンニー・ルー

解答は P149

文法のポイント

　タイ語は、名詞や代名詞だけでなく、動詞や形容詞のような述語性を持つものも、名詞化しないで主語や目的語（補語）になり得ます。その結果、文（や節、句）そのものが主語や述語の位置を占めることになり、主部に主語、述部に動詞がなくても、文の主述関係が成立します。

← 名詞化しないで主部になる

มา เที่ยว เมืองไทย สนุก มาก　タイへ遊びに来ることは、とても楽しい。
maa thîːaw mɯːaŋ thay sanùk mâak　マー・ティーアォ・ムーァン・タイ・サヌック・マーク
動詞　動詞　目的語　　　形容詞　副詞
　　主部　　　　　　　　　述部
主語扱い　　　　　　　　述語扱い

名詞化しないで目的語になる形容詞の例
เขา ชอบ เผ็ด　　彼は辛いのが好きです。（3課）
kháw chɔ̂ɔp phèt　カォ・チョーブ・ペット
主語　動詞　目的語（形容詞）
主部　　　述部　→ 英語で目的語の位置にある語を補語として読むこともできる（☞ 18課）

5 課

お名前は何ですか？（数字・疑問詞）

5課のポイント

この課では、数字の言い方と疑問詞を使った疑問文（何ですか？、いくらですか？）を学びましょう。

คุณ ชื่อ อะไร คะ　　お名前は何ですか？
khun chûɯ aray khá
クン・チュー・アライ・カ

― ผม ชื่อ สมชาย คุณ ล่ะ ครับ　　ソムチャーイといいます、あなたは？
phǒm chûɯ sǒmchaay, khun lâ khráp
ポム・チュー・ソムチャーイ、クン・ラ・クラップ

ดิฉัน ชื่อ ฮิโรมิ เป็น คนญี่ปุ่น ค่ะ　　私の名前はヒロミ、日本人です。
dichán chûɯ hiromi, pen khon yîipùn khâ
ディチャン・チュー・ヒロミ、ペン・コン・イープン・カ

คุณ สมชาย คะ อายุ เท่าไร　　ソムチャーイさん、何歳ですか？
khun sǒmchaay khá　　aayú thâwray
クン・ソムチャーイ・カ　　アーユ・タオライ

― ผม อายุ 35 ปี　　私は35歳です。
phǒm aayú sǎam sìp hâa pii
ポム・アーユ・サーム・シップ・ハー・ピー

単語 ชื่อ [chûɯ チュー] 名前、～という名前です　　อะไร [aray アライ] 何　　สมชาย [sǒmchaay ソムチャーイ] ソムチャーイ（人名）　　ล่ะ [lâ ラ] ～については　　ฮิโรมิ [hiromi ヒロミ] ヒロミ（人名）　　อายุ [aayú アーユ] 年齢　　เท่าไร [thâwray タオライ] いくら　　ปี [pii ピー] 年

お名前は何ですか？　5課

1　数字

日常会話でも読解でも必須の数字です。若干の例外に注意しながら繰り返し覚えましょう。

①0から10は次のとおりです。カッコ内のタイ数字もアラビア数字同様10個だけです。

0 (๐)	1 (๑)	2 (๒)	3 (๓)	4 (๔)	5 (๕)
ศูนย์	หนึ่ง	สอง	สาม	สี่	ห้า
sǔun スーン	nùŋ ヌン	sɔ̌ɔŋ ソーン	sǎam サーム	sìi シー	hâa ハー
6 (๖)	7 (๗)	8 (๘)	9 (๙)	10 (๑๐)	
หก	เจ็ด	แปด	เก้า	สิบ	
hòk ホック	cèt チェット	pɛ̀ɛt ペート	kâw カォ	sìp シップ	

②20から90までは数字＋**สิบ**[sìp シップ]です。

　注意点　ひと桁目の1は**หนึ่ง**[nùŋ ヌン]でなく**เอ็ด**[èt エット]です。
　　　　　20は**สอง สิบ**[sɔ̌ɔŋ sìp ソーン・シップ]でなく**ยี่ สิบ**[yîi sìp イー・シップ]です。

例　11　**สิบ เอ็ด**[sìp èt シップ・エット]
　　21　**ยี่ สิบ เอ็ด**[yîi sìp èt イー・シップ・エット]
　　22　**ยี่ สิบ สอง**[yîi sìp sɔ̌ɔŋ イー・シップ・ソーン]

เอ็ด[èt エット]は漢語の「壱」、**ยี่**[yîi イー]は「弐」

③100以上の単位の数字

百	千	万	十万	百万
ร้อย	พัน	หมื่น	แสน	ล้าน
rɔ́ɔy ローイ	phan パン	mʉ̀ʉn ムーン	sɛ̌ɛn セーン	láan ラーン

■100万以上は10＋100万（1000万）、100＋100万（1億）のようにいいます。

　例　1000万　**สิบ ล้าน**[sìp láan シップ・ラーン]
　　　1億　　　**ร้อย ล้าน**[rɔ́ɔy láan ローイ・ラーン]

■100, 1,000などの最初の1（**หนึ่ง**[nùŋ ヌン]）は省略することもあります。

　例　151　　**(หนึ่ง) ร้อย ห้า สิบ เอ็ด**
　　　　　　　(nùŋ) rɔ́ɔy hâa sìp èt（ヌン・）ローイ・ハー・シップ・エット

　　1,012　**(หนึ่ง) พัน สิบ สอง**
　　　　　　(nùŋ) phan sìp sɔ̌ɔŋ（ヌン・）パン・シップ・ソーン

（ヌン・）パン・<u>ヌン</u>・シップ・ソーンとは言わない

33

5課　お名前は何ですか？

2　何

อะไร [aray アライ] は「何（ですか）？」という意味の疑問詞です。

นี่ (คือ) อะไร　　　　　　これは何ですか？
nîi (khɯɯ) aray ニー（・クー）・アライ

ー นี่ (คือ) ทุเรียน　　　　これは、ドリアンです。
　nîi (khɯɯ) thúri:an ニー（・クー）・トゥリーアン

จะ ไป กิน อะไร　　　　　何を食べに行きますか？
cà pay kin aray チャ・パイ・キン・アライ

ー ไป กิน ข้าวผัด　　　　カオパットを食べに行きます。
　pay kin khâaw phàt パイ・キン・カーオパット

[単語] ทุเรียน [thúri:an トゥリーアン] ドリアン（果物名）　ข้าวผัด [khâaw phàt カーオパット] カオパット（タイ式焼飯）（ผัด [phàt パット] 炒める）

3　いくら

เท่าไร [thâwray タオライ] は「いくら（ですか）？」という意味で、値段や年齢などを問う疑問詞です。

ทั้งหมด เท่าไร　　　　　全部でいくらですか？
tháŋmòt thâwray タンモット・タオライ

ー 200 บาท　　　　　　　200 バーツです。
　sɔ̌ɔŋ rɔ́ɔy bàat ソーン・ローイ・バート

คุณ สมชาย อายุ เท่าไร　ソムチャーイさんは何歳ですか？
khun sǒmchaay aayú thâwray クン・ソムチャーイ・アーユ・タオライ

ー 30 ปี เพื่อน ผม ก็ อายุ 30 ปี　30歳です、私の友人も30歳です。
　sǎam sìp pii, phɯ̂:an phǒm kɔ̂ɔ aayú sǎam sìp pii
　サーム・シップ・ピー、プーアン・ポム・コー・アーユ・サーム・シップ・ピー
　　　　　　　　　　　　　　　　　　　　　　「30年」という意味もある

[単語] ทั้งหมด [tháŋmòt タンモット] 全部　บาท [bàat バート] バーツ（タイの通貨名）

社内文書、メールなどの書き言葉でも、会話で使う発音に従い เท่าไหร่ [thâwrày タオライ] と後半（ライ）を低声で書くことが多い。なお、เท่าไร [thâwray タオライ]（後半が平声）で発音すると上から目線のような発音になる場合がある

34

お名前は何ですか？　5課

練習問題5

1 単語練習：次の日本語をタイ語にして、発音してみましょう。
①何　②いくら　③バーツ　④名前　⑤年齢　⑥～については
⑦31　⑧18　⑨321　⑩5901　⑪4322

2 次のタイ語を和訳してください。

① เขา เป็น คนญี่ปุ่น ใช่ ไหม
kháw pen khon yîipùn chây mǎy　カォ・ペン・コン・イープン・チャイ・マイ

② อาหาร ไทย นี้ ชื่อ อะไร
aahǎan thay níi chɯ̂ɯ aray　アーハーン・タイ・ニー・チュー・アライ

③ อาจารย์ ของ คุณ อายุ เท่าไร
aacaan khɔ̌ɔŋ khun aayú thâwray　アーチャーン・コーン・クン・アーユ・タォライ

解答はP149

文法のポイント

เขา ชื่อ ฮิโรมิ [kháw chɯ̂ɯ hiromi カォ・チュー・ヒロミ]「彼女はヒロミといいます」という文をもう一度みてみましょう。

เขา	ชื่อ	ฮิโรมิ
kháw	chɯ̂ɯ	hiromi カォ・チュー・ヒロミ
彼女	名前	ヒロミ
主語	主語	補語（述語）
主部	述部	

彼女は、名前はヒロミです。

→ この ชื่อ[chɯ̂ɯ チュー]は「名前」という意味の名詞

→ 主語はふたつ置ける。「名前」と「ヒロミ」の間に เป็น[pen ペン]や คือ[khɯɯ クー]は不要

→ 動詞がないので「名前はヒロミです」の部分が述部になる

เขา	ชื่อ	ฮิโรมิ
kháw	chɯ̂ɯ	hiromi カォ・チュー・ヒロミ
彼女	～という名前だ	ヒロミ
主語	動詞（述語）	目的語
主部	述部	

彼女はヒロミという名前です。

→ この ชื่อ[chɯ̂ɯ チュー]は「～という名前だ」という意味の動詞としても読める

このようにこの ชื่อ[chɯ̂ɯ チュー]は名詞とも動詞ともとれます。タイ語は動詞がなくても文章を作ることができます。

→ 動詞的な訳 ←

他に อายุ[aayú アーユ]「年齢（～という年齢だ）」や ราคา[raakhaa ラーカー]「値段（～という値段だ）」なども ชื่อ[chɯ̂ɯ チュー]「名前（～という名前だ）」と同じように使います。

形容詞の副詞的な扱い（P26）、動詞・形容詞の名詞的な読み方（P29）、名詞の動詞的な読み方（上例）など、タイ語の品詞は一定しない傾向があります。

35

タイ語のあいさつ

สวัสดี ค่ะ / ครับ　こんにちは。
sawàt dii khâ / khráp
サワッディー・カ／クラップ

　タイ語の「こんにちは」は 24 時間いつでも使えるあいさつです。別れ際の「さようなら」にも使えます。もともと「サワッディー」は 20 世紀半ばに作られた表現です。

สบาย ดี ไหม คะ / ครับ　お元気ですか？
sabaay dii mǎy khá / khráp
サバーイ・ディー・マイ・カ／クラップ

「マイ」は肯定の返答を期待するニュアンスがある（3 課 2）

สบาย ดี หรือ เปล่า คะ / ครับ　お元気ですか？
sabaay dii rǔuw plàw khá / khráp
サバーイ・ディー・ルー・プラォ・カ／クラップ

「ルー・プラォ」は上の「〜マイ」とちがい、相手が元気かどうか心配、確認するニュアンスがある（2 課 3）

สบาย ดี ค่ะ / ครับ　元気です。
sabaay dii khâ / khráp
サバーイ・ディー・カ／クラップ

ไม่ สบาย ค่ะ / ครับ　元気ではありません。（体調が悪い）
mây sabaay khâ / khráp
マイ・サバーイ・カ／クラップ

ดี [dii ディー]「良い」は形容詞の良さを表すので、「元気でない」場合、あまり ไม่ สบาย ดี [mây sabaay dii] とは言わない（3 課 4）

ยินดี ที่ ได้ รู้จัก ค่ะ / ครับ　お会いできてうれしい。／はじめまして。
yin dii thîi dây rúu càk khâ / khráp
インディー・ティー・ダイ・ルーチャック・カ／クラップ

　出会ったときだけでなく、別れ際にも使うことが多い表現です。

เช่น เดียว กัน ค่ะ / ครับ　こちらこそ（同様に）。
chên di:aw kan khâ / khráp
チェン・ディーアオ・カン・カ／クラップ

ลา ก่อน　さようなら。
laa kɔ̀ɔn
ラー・コーン

失恋の歌によく使われる

　長期間会わない、もう再び会わないニュアンスがあります。次の「また会いましょう」の方が日常的です。

※この部分省略できます

36

タイ語のあいさつ

พบ กัน ใหม่ นะ ค่ะ / ครับ　また会いましょう。
phóp kan mày ná khâ / khráp
ポップ・カン・マイ・ナ・カ／クラップ

ขอบคุณ มาก ค่ะ / ครับ　ありがとうございます。
khɔ̀ɔp khun mâak khâ / khráp
コープクン・マーク・カ／クラップ

　ค่ะ [khâ カ] や ครับ [khráp クラップ] をすべての文に使うと丁寧すぎて不自然になるか、「イエスマン」のような発言になります。最初の1回と2～3文おきに使うなど少し間をおくことをおすすめします。単独で使うと肯定の返事「はい（そうです）」や呼びかけに対する応答の「はい（何ですか？）」の「はい」を表します。

ขอโทษ ค่ะ / ครับ　ごめんなさい。
khɔ̌ɔ thôot khâ / khráp
コートート・カ／クラップ

　謝罪だけでなく、「すみません」のように呼びかけるときにも使います。

ไม่เป็นไร ค่ะ / ครับ　大丈夫です。
mây pen ray khâ / khráp
マイペンライ・カ／クラップ

　過去や未来に固執しないタイ人気質を表す表現です。日本人からみれば「いい加減、自己中心」、人によっては「おおらか」と感じるでしょう。逆にタイ人は「お互いに許し合う→当然許してもらえる」という前提でこの表現を使うので、タイ人・日本人相互の誤解が生じることもあります。

โชค ดี นะ คะ / ครับ　ご幸運を。
chôok dii ná khá / khráp
チョーク・ディー・ナ・カ／クラップ

　別れ際に相手の多幸、成功を願う表現。「お元気で」「ではまた」「頑張ってください」と言いたいときなどに、このフレーズをよく使います。

ห้องน้ำ อยู่ ที่ไหน คะ / ครับ　トイレはどこですか？
hɔ̂ŋ náam yùu thîi nǎy khá / khráp　理屈抜きで覚えておくことをおすすめします
ホンナーム・ユー・ティーナイ・カ／クラップ　（文法解説は9課）

เช็คบิล (ด้วย)　お勘定をお願いします。
chék bin (dûay)　チェック・ビン（・ドゥーアイ）

　屋台、食堂、レストランで使う表現です。1日3回ほど使うので覚えておきましょう。

国名・人名・言語名・親族名詞

36 国名

東南アジア

タイ	ไทย [thay タイ]
ラオス	ลาว [laaw ラーオ]
カンボジア	กัมพูชา [kamphuuchaa カンプーチャー]
ミャンマー	พม่า [phamâa パマー]
ベトナム	เวียดนาม [wîːatnaam ウィーアットナーム]
マレーシア	มาเลเซีย [maaleesiːa マレーシーァ]
インドネシア	อินโดนีเซีย [indooniisiːa インドーニーシーァ]
ブルネイ	บรูไน [bruunay ブルーナィ] ← [baruunay]ではない
フィリピン	ฟิลิปปินส์ [filíppin フィリッピン]
シンガポール	สิงคโปร์ [sǐŋkhapoo シンカポー]

その他

アメリカ	อเมริกา [ameerikaa アメーリカー]
イギリス	อังกฤษ [aŋkrìt アンクリット]
ドイツ	เยอรมัน [yəəraman ユーラマン]
フランス	ฝรั่งเศส [faràŋ sèet ファランセート]
スペイン	สเปน [sapeen サペーン]
中国	จีน [ciin チーン]
韓国	เกาหลี [kawlǐi カォリー]
日本	ญี่ปุ่น [yîipùn イープン]

欧米諸国や欧米人のことを ฝรั่ง [faràŋ ファラン] といいます

国を表す場合、ประเทศ [prathêet プラテート]（国）を国名の前に付けます（会話ではประเทศ [prathêet プラテート] は省略します）。なお、タイ・ラオス・中国は国名の前によく เมือง [mɯːaŋ ムーアン] を付けます。

เมือง [mɯːaŋ ムーアン] は国、市、町など行政単位を表す語

「〜人」と言う場合は、国名の前に คน [khon コン]「人」を付けます。

คนไทย [khon thay コンタイ] タイ人

タイ語のあいさつ

คนญี่ปุ่น[khon yîipùn コンイープン]日本人

＊本書では国名、「～人」のカタカナ表記は中黒（・）を入れていません。
例：ムーァンタイ（タイ）、コンタイ（タイ人）

37 人名

タイ人の名前は、「名・姓」の順ですが、ニックネームで呼び合うことが一般的です。よくニックネームの前に、敬称 คุณ[khun クン]や、年上を表す พี่[phîi ピー]を付けて呼び合います。

38 言語名

▶ 国名と言語名が一致しないと使えない

国名の前に ภาษา[phaasǎa パーサー]「言語、言葉」を付けます。

ภาษา ไทย[phaasǎa thay パーサー・タイ]タイ語

ภาษา อังกฤษ[phaasǎa aŋkrìt パーサー・アンクリット]英語

▶「パーサー・アメーリカー」とはいわない

39 親族名詞

父	พ่อ[phɔ̂ɔ ポー]		母	แม่[mɛ̂ɛ メー]	
兄	พี่ชาย[phîi chaay ピーチャーイ]		姉	พี่สาว[phîi sǎaw ピーサーオ]	
弟	น้องชาย[nɔ́ɔŋ chaay ノーンチャーイ]		妹	น้องสาว[nɔ́ɔŋ sǎaw ノーンサーオ]	
息子	ลูกชาย[lûuk chaay ルークチャーイ]		娘	ลูกสาว[lûuk sǎaw ルークサーオ]	
夫	สามี[sǎamii サーミー]		妻	ภรรยา[phanrayaa パンラヤー]	

ピーは「年上」、ノーンは「年下」を表す

チャーイは「男」、サーオは「女」を表す

ルークは親に対する「子」、一般に「子供」という場合は เด็ก[dèk デック]

รรは例外綴り。インド系文字の音写(P146)

・祖父・祖母

　祖父（父方）　ปู่[pùu プー]　　　祖母（父方）　ย่า[yâa ヤー]
　祖父（母方）　ตา[taa ター]　　　祖母（母方）　ยาย[yaay ヤーイ]

・伯父・伯母⇨男女で区別

　伯父（父母の兄）　ลุง[luŋ ルン]　　伯母（父母の姉）　ป้า[pâa パー]

・叔父・叔母⇨父方、母方で区別

　父方の叔父・叔母（父の弟・妹）　อา[aa アー]
　母方の叔父・叔母（母の弟・妹）　น้า[náa ナー]

＊「祖父母・父母・伯父（叔父）・伯母（叔母）」の前に คุณ[khun クン]を付けると丁寧な言い方になります。

39

6課

1個10バーツです（類別詞・単位）

6課のポイント 🔊40

この課では、「1個、2枚、3冊」など、ものを数える語（類別詞）の用法と許可を求める表現を学びましょう。

นี่ ขนม ไทย　　これはタイのお菓子です。
nîi khanŏm thay
ニー・カノム・タイ

อัน นี้ เป็น ขนมชั้น　　これはカノムチャンです。
an níi pen khanŏm chán
アン・ニー・ペン・カノムチャン

→ 5課の ละ [lá ラ] とちがう単語（注意！）

อัน ละ 10 บาท　　3 อัน 25 บาท
an lá sìp bàat,　　săam an yîi sìp hâa bàat
アン・ラ・シップ・バート、サーム・アン・イーシップ・ハー・バート

1個10バーツ、3個で25バーツです。

－5 อัน ลด 40 บาท ได้ ไหม
hâa an lót sìi sìp bàat dây măy
ハー・アン・ロット・シー・シップ・バート・ダイ・マイ

5個で40バーツ値引きできますか？
อัน [an アン] のあとに ละ [lá ラ] は付けない。อัน [an アン] はさまざまなものに使える「個」

ได้ / ไม่ ได้　　できます。／できません。
dây　　mây dây
ダイ　　マイ・ダイ

[単語] ขนม [khanŏm カノム] お菓子　　อัน นี้ [an níi アン・ニー] これ（อัน [an アン]「個」を表す類別詞）
ขนมชั้น [khanŏm chán カノムチャン] カノムチャン（タイのお菓子名）　　ละ [lá ラ] 〜につき（単位を表す）　　ลด [lót ロット] 値引く　　ได้ [dây ダイ] できる（許可・可能）

1個10バーツです　6課

1　これ

นี่[nîi ニー]も อัน นี้[an níi アン・ニー]も「これ」という意味です。นี่[nîi ニー]は初めて見たようなものに対し「これは何ですか？」と言う場合の「これ」、一方 อัน นี้[an níi アン・ニー]は同じような種類のものから対象を特定して「これをください」という場合の「これ」です。อัน[an アン]は類別詞といい、1個、2個の「個」のように、ものを数えるときにも使います。

นี่　ผลไม้　ไทย　これはタイの果物です。
nîi phǒnlamáay thay ニー・ポンラマーイ・タイ

นี่[nîi ニー]には「この種類のものは」というニュアンスもあります

ดิฉัน ชอบ อัน นี้ มากๆ　私は（他のものでなく）これがとても好きです。
dichán chɔ̂ɔp an níi mâak mâak
ディチャン・チョープ・アン・ニー・マーク・マーク

ๆは繰り返し符号、繰り返すことで強調します

2　類別詞

ものを数えるときに使う「〜個」「〜人」「〜冊」などがタイ語にもあり、これを類別詞といいます。上の1で学んだ、対象を特定したり、形容詞を修飾したりする働きもあります。

① ものを数える　名詞＋数字＋類別詞

ขนม 5 อัน[khanǒm hâa an カノム（お菓子）・ハー（5）・アン（個）] お菓子5個

② 対象を特定する　名詞＋類別詞＋指示代名詞

ขนม อัน นี้[khanǒm an níi カノム（お菓子）・アン（個）・ニー（この）]（他のお菓子でなく）
このお菓子

会話ではこの類別詞をよく省略する

③ 形容詞が名詞を修飾する　名詞＋類別詞＋形容詞

ขนม อัน ใหญ่[khanǒm an yày カノム（お菓子）・アン（個）・ヤイ（大きい）] 大きいお菓子

類別詞の例

คน　人 khon コン	ตัว　動物、服（〜着） tu:a トゥーア	เล่ม　本（〜冊） lêm レム
คัน　車（〜台） khan カン	ใบ　書類（〜枚）、グラス（〜杯） bay バイ	ชิ้น　お菓子、パン（〜切れ） chín チン
ครั้ง　回数（〜回） khráŋ クラン	ขวด　ビン（〜本） khù:at クーアット	จาน　皿（〜皿） caan チャーン

類別詞は、慣れるまでは อัน[an アン]「個」を使い、必要に応じて覚えましょう。

単語 ใหญ่[yày ヤイ]大きい

41

6課　1個10バーツです

3　〜につき　ละ [lá ラ]

単価や単位のあとに ละ [lá ラ] を付け、「1個につき〜」「ひとりにつき〜」の「〜につき」を表します。ひとつの単位を示すので「3個につき」「5人につき」などの「〜につき」に ละ [lá ラ] は使いません。

คน ละ 50 บาท　5 คน 200 บาท　1人50バーツ、5人で200バーツです。
khon lá hâa sìp bàat,　hâa khon sɔ̌ɔŋ rɔ́ɔy bàat
コン・ラ・ハー・シップ・バート、　ハー・コン・ソーン・ローイ・バート

→ バーツは省略できる

เล่ม นี้ เล่ม ละ 30　แต่ เล่ม นั้น 2 เล่ม 50
lêm níi lêm lá sǎam sìp,　tɛ̀ɛ lêm nán sɔ̌ɔŋ lêm hâa sìp
レム・ニー・レム・ラ・サーム・シップ、　テー・レム・ナン・ソーン・レム・ハー・シップ

この本は1冊30（バーツ）ですが、あの本は2冊で50です。

※ 名詞を使わず類別詞を使って話す方が自然です

4　〜できる

ได้ [dây ダイ] を動詞の前後に付け「できる」を表します。　← 漢語の「得」

〜できる		語順	意味（ニュアンス）
	①	ได้ [dây ダイ] ＋動詞	機会やチャンスが得られる
	②	動詞〜 ได้ [dây ダイ]	可能である、許可（依頼）を得る、能力がある

→ 16課で学ぶ

→ ②は依頼文「〜してください、〜させてください」にも使える便利な表現

可能・許可の「〜できますか」は文末に ได้ ไหม [dây mǎy ダイ・マイ] を置きます（タイプ②）。返答は、「できる」なら ได้ [dây ダイ]、「できない」なら ไม่ได้ [mây dây マイ・ダイ] と答えます。

เสื้อ ตัว นี้ ตัว ละ เท่าไร　この服は、1着いくらですか？
sɯ̂a tu:a níi tu:a lá thâwray　スーア・トゥーア・ニー・トゥーア・ラ・タオライ

ตัว ละ 500 บาท　1着500バーツです。
tu:a lá hâa rɔ́ɔy bàat　トゥーア・ラ・ハー・ローイ・バート

แพง มาก　ลด 100 บาท ได้ ไหม
phɛɛŋ mâak　lót nɯ̀ŋ rɔ́ɔy bàat dây mǎy
ペーン・マーク　ロット・ヌン・ローイ・バート・ダイ・マイ

→ ลด [lót ロット] がないと「（全部で）100バーツにできますか？」となる

とても高いです！　100バーツ値引きできますか？

− **ได้**　いいです。／ **ไม่ ได้**　だめです。
　 dây ダイ　　　　　　 mây dây マイ・ダイ

単語　เสื้อ [sɯ̂a スーア] 服　　แพง [phɛɛŋ ペーン]（値段が）高い

42

練習問題 6

1 単語練習：次の日本語をタイ語にして、発音してみましょう（⑨から⑫は類別詞を書いてください）。

①これ（2とおり）　②値引く　③お菓子　④大きい　⑤できる　⑥〜につき
⑦服　⑧高い（値段）　⑨冊　⑩枚　⑪匹、着　⑫台

2 次のタイ語を和訳してください。

① ไป กรุงเทพฯ 5 คน
pay kruŋthêep hâa khon　パィ・クルンテープ・ハー・コン

② ขนมชั้น ชิ้นนี้ ชิ้น ละ เท่าไร
khanǒm chán chín níi chín lá thâwray　カノムチャン・チン・ニー・チン・ラ・タォライ

③ คัน นี้ ลด ราคา ไม่ ได้
khan níi lót raakhaa mây dây　カン・ニー・ロット・ラーカー・マィ・ダィ

解答は P149

文法のポイント

主部＋述部では、述部が話者にとって言いたい部分です。スキットの「5個で40バーツ値引きできますか？」をもう一度みてみましょう。

① 5 อัน ลด 40 บาท　5個で40バーツ値引く。
hâa an lót sìi sip bàat　ハー・アン・ロット・シー・シップ・バート

主語	動詞	目的語
5個	値引く	40バーツ
主部1	述部1	

② 5 อัน ลด 40 บาท ＋ ได้ ไหม　5個で40バーツ値引くことができますか？
hâa an lót sìi sip bàat　dây mǎy　ハー・アン・ロット・シー・シップ・バート・ダィ・マィ

主部1	述部1	
5個で 40バーツ値引く	できますか？	
主部2	述部2	

①は主部「5個で」に対し、述部1「40バーツ値引く」が強調したい部分です。

②は「5個で40バーツ値引く」が「主部2」になり、「できますか」が「述部2」なります。次に強調したい部分は述部2「できますか」です。

タイ語は「主部＋述部」が新しい「主部2」になり、「主部2」に対する「述部2」によって文が展開します。それぞれの「述部」で言いたいことを順次伝える流れを把握しましょう。

7課

いま何時ですか？（時刻・時間）

7課のポイント

この課では、時刻や時間と、「何時、何時間」の「何」を表す語の用法と、時刻・時間に関する表現を学びましょう。

ตอนนี้ กี่ โมง ครับ
tɔɔn níi kìi mooŋ khráp
トーンニー・キー・モーン・クラップ

いま何時ですか？

「～時～分」という場合の「ナーティー（分）」は省略することが多い

－ตอนนี้ บ่าย 3 โมง 10 นาที ค่ะ
tɔɔn níi bàay sǎam mooŋ sìp naathii khâ
トーンニー・バーイ・サーム・モーン・シップ・ナーティー・カ

いま午後3時10分です。

เรียน ภาษา ไทย วัน ละ กี่ ชั่วโมง
ri:an phaasǎa thay wan lá kìi chû:a mooŋ
リーアン・パーサー・タイ・ワン・ラ・キー・チューアモーン

1日何時間タイ語を勉強しますか？

－เรียน วัน ละ 2 ชั่วโมง
ri:an wan lá sɔ̌ɔŋ chû:a mooŋ
リーアン・ワン・ラ・ソーン・チューアモーン

1日2時間、勉強します。

ดู ทีวี ตั้งแต่ 3 โมง ถึง 4 โมง
duu thiiwii tâŋ tɛ̀ɛ sǎam mooŋ thʉ̌ŋ sìi mooŋ
ドゥー・ティーウィー・タンテー・サーム・モーン・トゥン・シー・モーン

3時から4時までテレビを見ます。

単語 ตอนนี้[tɔɔn níi トーンニー]いま　กี่ โมง[kìi mooŋ キー・モーン]何時(กี่[kìi キー]いくつ　โมง[mooŋ モーン]時(間))　บ่าย[bàay バーイ]午後　นาที[naathii ナーティー]分　เรียน[ri:an リーアン]勉強する　ภาษา ไทย[phaasǎa thay パーサー・タイ]タイ語(ภาษา[phaasǎa パーサー]言語、言葉)　วัน[wan ワン]日　ชั่วโมง[chû:a mooŋ チューア・モーン]時間　ดู[duu ドゥー]見る　ทีวี[thiiwii ティーウィー]テレビ　ตั้งแต่[tâŋ tɛ̀ɛ タンテー]～から　ถึง[thʉ̌ŋ トゥン]～まで

いま何時ですか？　7課

1　時刻

時刻と時間を問う疑問文をしっかり区別しましょう。まずは時刻をたずねる言い方です。

何時ですか？	กี่ โมง [kìi mooŋ キー・モーン]
～時です	数字 + โมง [mooŋ モーン]
■時刻の「分」は　数字（1～59）+ นาที [naathii ナーティー]	

ตอนนี้ กี่โมง
tɔɔn níi kìi mooŋ　トーンニー・キー・モーン

いま何時ですか？　「いま（トーンニー）」のあとに動詞は不要

- 3 โมง　3時です。
  sǎam mooŋ　サーム・モーン

「数字 + โมง [mooŋ モーン]」が返答の基本

- 3 โมง 20 นาที　3時20分（です）。
  sǎam mooŋ yîi sìp naathii　サーム・モーン・イーシップ・ナーティー

- 6 โมง 10 นาที　6時10分（です）。
  hòk mooŋ sìp naathii　ホック・モーン・シップ・ナーティー

タイではこちらが一般的

タイ語は、3時を正式に「昼の3時」または「夜中の3時」、6時を「夕方の6時」または「朝の6時」のように時間帯を表す語と一緒に使います。P60にある時間帯ごとの表現に慣れましょう。

関連表現

6 โมง ตรง [hòk mooŋ troŋ ホック・モーン・トロン] 6時ちょうど
6 โมง กว่า [hòk mooŋ kwàa ホック・モーン・クワー] 6時すぎ
6 โมง ครึ่ง [hòk mooŋ khrûŋ ホック・モーン・クルン] 6時半　など

2　時間

次に時間を表す表現です。「4時間勉強した」、「8時間仕事をする」の「時間」です。

何時間ですか？	กี่ ชั่วโมง [kìi chûa mooŋ キー・チューアモーン]
～時間です	数字 + ชั่วโมง [chûa mooŋ チューアモーン]

7課　いま何時ですか？

สอน ภาษา ไทย กี่ ชั่วโมง　何時間、タイ語を教えますか？
sɔ̌ɔn phaasǎa thay kìi chûːa mooŋ　ソーン・パーサー・タイ・キー・チューァモーン

-**4 ชั่วโมง**　4時間です。
　sìi chûːa mooŋ　シー・チューァモーン

ทำงาน วัน ละ กี่ ชั่วโมง　1日何時間仕事をしますか？
tham ŋaan wan lá kìi chûːa mooŋ　タムガーン・ワン・ラ・キー・チューァモーン

-**8 ชั่วโมง**　8時間です。
　pɛ̀ɛt chûːa mooŋ　ペート・チューァモーン

-**วันนี้ 7 ชั่วโมง 30 นาที**　今日は、7時間30分です。
　wan níi cèt chûːa mooŋ sǎam sìp naathii
　ワンニー・チェット・チューァモーン・サーム・シップ・ナーティー

[単語] **สอน** [sɔ̌ɔn ソーン] 教える　　**ทำงาน** [tham ŋaan タムガーン] 仕事をする

3　何人、何時

「いくつの〜」という意味の **กี่** [kìi キー] に類別詞や単位を表す語を続け、何人、何時などを表します。　→ 漢語の「幾」

วันนี้ คนญี่ปุ่น มา กี่ คน　今日、何人日本人が来ますか？
wan níi khon yîipùn maa kìi khon　ワンニー・コンイープン・マー・キー・コン

→ **กี่** [kìi キー] は必ず類別詞や単位を表す語と一緒に使う

-**7 คน**　7人です。　→ すでにわかっている主語や動詞は省略する
　cèt khon　チェット・コン

■時間を表す「AからBまで」は **ตั้งแต่** [tâŋ tɛ̀ɛ タンテー] A **ถึง** [thǔŋ トゥン] B で表します。

อาหาร เช้า ตั้งแต่ กี่ โมง ถึง กี่ โมง　朝食は何時から何時までですか？
aahǎan cháaw tâŋ tɛ̀ɛ kìi mooŋ thǔŋ kìi mooŋ
アーハーン・チャーォ・タンテー・キー・モーン・トゥン・キー・モーン

ตั้งแต่ 6 โมง ครึ่ง ถึง 10 โมง　6時半から10時までです。
tâŋ tɛ̀ɛ hòk mooŋ khrɯ̂ŋ thǔŋ sìp mooŋ
タンテー・ホック・モーン・クルン・トゥン・シップ・モーン

[単語] **เช้า** [cháaw チャーォ] 朝

練習問題 7

1 単語練習：次の日本語をタイ語にして、発音してみましょう。
①いま　②何時　③タイ語　④何人　⑤10分　⑥仕事をする　⑦3時間
⑧5時　⑨〜から（時間）　⑩勉強する　⑪〜まで　⑫日　⑬見る
⑭教える

2 次のタイ語を和訳してください。

① เรียน ภาษา ญี่ปุ่น วัน ละ กี่ ชั่วโมง
ri:an phaasǎa yîipùn wan lá kìi chûːa mooŋ
リーァン・パーサー・イープン・ワン・ラ・キー・チューァモーン

② พรุ่งนี้ เขา จะ มา กรุงเทพฯ 4 โมง กว่า
phrûŋ níi kháw cà maa kruŋthêep sìi mooŋ kwàa
プルンニー・カォ・チャ・マー・クルンテープ・シー・モーン・クワー

③ วันนี้ เรียน ภาษา ไทย ตั้งแต่ สาม โมง ถึง สี่ โมง ครึ่ง
wan níi ri:an phaasǎa thay tâŋ tɛ̀ɛ sǎam mooŋ thǔŋ sìi mooŋ khrûŋ
ワンニー・リーァン・パーサー・タイ・タンテー・サーム・モーン・トゥン・シー・モーン・クルン

解答 P150

文法のポイント

2課でも述べたように、述部は主部（主語）の説明をするので、述部に動詞がなくても、前置詞句や副詞句を述部とみなすことができます。

อาหาร เช้า　ตั้งแต่ 6 โมง ครึ่ง　　朝食は 6 時半からです。
<u>aahǎan cháaw</u>　<u>tâŋ tɛ̀ɛ　hòk mooŋ khrûŋ</u>
アーハーン・チャーォ・タンテー・ホック・モーン・クルン
　<u>主語</u>　　　　　　<u>前置詞句</u>
　<u>主部</u>　　　　　　<u>述部</u>

「1日何時間仕事をしますか？」の返答に、「今日は、7時間30分です」とありました。「今日（は）」のように、主部が時間、日付、曜日、天候、年齢などの場合、行為者（「私」「彼」…）や動詞を置く必要はありません。　←動詞があれば動詞も含めて述部になる

วันนี้　7 ชั่วโมง 30 นาที　　今日は、7 時間 30 分です。
<u>wan níi</u>　<u>cèt chûːa mooŋ sǎam sìp naathii</u>
ワンニー・チェット・チューァモーン・サーム・シップ・ナーティー
　<u>主語</u>　　　　　<u>副詞句</u>
　<u>主部</u>　　　　　<u>述部</u>

「動詞がないのは動詞の省略→（動詞に限らず）省略文は文法的に間違い」といった考え方にこだわると、タイ語が読めなくなるので注意しましょう。

8 課

お友達はいつ来ますか？
(時を表す表現)

8課のポイント
この課では、「週、月、年」や日付、曜日など、時を表す表現を学びましょう。

เพื่อน คุณ จะ มา กรุงเทพฯ เมื่อไร
phûːan khun cà maa kruŋthêep mûːaray
プーアン・クン・チャ・マー・クルンテープ・ムーアライ
お友達はいつバンコクに来ますか？

→ P34 の **เท่าไหร่**[thâwrày タォライ]同様、**เมื่อไหร่**[mûːaray ムーアライ]と綴ることが多い

— เขา มา เดือน หน้า
kháw maa dɯːan nâa
カォ・マー・ドゥーアン・ナー
来月来ます。

พบ กัน วันที่ เท่าไร
phóp kan wan thîi thâwray
ポップ・カン・ワンティー・タォライ
何日に会いますか？

— フォーマルでややかたいニュアンスもあり、会話では **เจอ**[cəə チュー]を使うことが多い

— วันที่ 9 วัน นั้น เป็น วัน อะไร
wan thîi kâw, wan nán pen wan aray
ワンティー・カォ、ワン・ナン・ペン・ワン・アライ
9日です、その日は何曜日ですか？

วันที่ 9 เป็น วันพุธ เป็น วันเกิด ดิฉัน
wan thîi kâw pen wan phút , pen wan kə̀ət dichán
ワンティー・カォ・ペン・ワン・プット、ペン・ワンクート・ディチャン
9日は水曜日、私の誕生日です。

[単語] **เมื่อไร**[mûːaray ムーアライ]いつ　**เดือน**[dɯːan ドゥーアン]月　**หน้า**[nâa ナー]次の　**พบ**[phóp ポップ]会う　**กัน**[kan カン]〜しあう　**วันที่**[wan thîi ワンティー]日付　**วันที่ เท่าไร**[wan thîi thâwray ワンティー・タォライ]何日　**วัน อะไร**[wan aray ワン・アライ]何曜日(何の日)　**วันพุธ**[wan phút ワンプット]水曜日　**วันเกิด**[wan kə̀ət ワンクート]誕生日 (**เกิด**[kə̀ət クート]誕生する)

48

お友達はいつ来ますか？　8課

1　いつ

「いつですか？」と問う場合、疑問詞 **เมื่อไร**[mûːaray ムーァライ]を主に文末に置きます。

> 文頭に置くと「いつになったら～？」のように「いつ」のみが話者の興味になる

จะ ไป กิน อาหาร ไทย เมื่อไร　タイ料理を食べに行くのはいつですか？
cà pay kin aahǎan thay mûːaray　チャ・パイ・キン・アーハーン・タイ・ムーァライ

- ไป อาทิตย์ หน้า　来週です。
pay aathít nâa　パイ・アーティット・ナー

2　先週、今月、来年など

> 下の①と②を組み合わせる

① **อาทิตย์**[aathít アーティット]週　**เดือน**[dɯːan ドゥーァン]月　**ปี**[pii ピー]年
② **ที่แล้ว**[thîi lɛ́ɛw ティーレーォ]過ぎた　**นี้**[níi ニー]この　**หน้า**[nâa ナー]次の、前

	先週	今週	来週
週	**อาทิตย์ ที่แล้ว** aathít thîi lɛ́ɛw アーティット・ティーレーォ	**อาทิตย์ นี้** aathít níi アーティット・ニー	**อาทิตย์ หน้า** aathít nâa アーティット・ナー
	先月	今月	来月
月	**เดือน ที่แล้ว** dɯːan thîi lɛ́ɛw ドゥーァン・ティーレーォ	**เดือน นี้** dɯːan níi ドゥーァン・ニー	**เดือน หน้า** dɯːan nâa ドゥーァン・ナー
	去年	今年	来年
年	**ปี ที่แล้ว** pii thîi lɛ́ɛw ピー・ティーレーォ	**ปี นี้** pii níi ピー・ニー	**ปี หน้า** pii nâa ピー・ナー

～週間後（～カ月後、～年後）の「後」は **อีก**[ìik イーク]を数字の前に置きます。

อีก 3 เดือน (หน้า)[ìik sǎam dɯːan (nâa) イーク・サーム・ドゥーァン（・ナー）]3カ月後。

> **อีก**[ìik イーク]と **หน้า**[nâa ナー]のどちらかは省略できます、両方使ってもかまいません

～週間前（～カ月前、～年前）の「前」は **ก่อน**[kɔ̀ɔn コーン]または **ที่แล้ว**[thîi lɛ́ɛw ティーレーォ]を週・月・年のあとに置きます。

3 เดือน ก่อน[sǎam dɯːan kɔ̀ɔn サーム・ドゥーァン・コーン]3カ月前。

3　複数を表す

動詞のあとや文末に **กัน**[kan カン]を付けると主語が複数であることを示します。

พบ กัน เมื่อไร　いつ会いますか？
phóp kan mûːaray　ポップ・カン・ムーァライ

49

8課　お友達はいつ来ますか？

4　日付

「何日ですか？」とたずねるときは **วันที่ เท่าไร** [wan thîi thâwray ワンティー・タォライ] を使います。**วันที่** [wan thîi ワンティー] は「日付」という意味です。

この ที่ [thîi ティー] は序数（順序）を表す

พบ กัน วันที่ เท่าไร　何日に会いますか？
phóp kan wan thîi thâwray　ポップ・カン・ワンティー・タォライ

- วัน ที่ 3　　　　　　3日です。
　wan thîi sǎam ワンティー・サーム

3 วัน [sǎam wan サーム・ワン] なら「3日間」という意味

5　曜日

วัน อะไร [wan aray ワン・アライ] は曜日をたずねる表現ですが、「何の日ですか？」という意味もあります。

เป็น [pen ペン] は省略できる

วันนี้ (เป็น) วัน อะไร　今日は何曜日ですか？ / 今日は何の日ですか？
wan níi (pen) wan aray　ワンニー（・ペン）・ワン・アライ

- วันอังคาร　　　　　火曜日です。
　wan aŋkhaan ワン・アンカーン

- วันเกิด เพื่อน　　　　友人の誕生日です。
　wan kə̀ət phɯ̂ːan ワンクート・プーアン

本来は惑星名（太陽、月、火星、水星…）

曜日（**วัน** [wan ワン] + 曜日名）

ฤ を使う単語は 5つ覚えれば十分
（木曜、5月、11月、英語、季節）

日曜日	**วันอาทิตย์** wan aathít ワンアーティット	木曜日	**วันพฤหัส** wan phrɯ́hàt ワンプルハット
月曜日	**วันจันทร์** wan can ワンチャン	金曜日	**วันศุกร์** wan sùk ワンスック
火曜日	**วันอังคาร** wan aŋkhaan ワンアンカーン	土曜日	**วันเสาร์** wan sǎw ワンサォ
水曜日	**วันพุธ** wan phút ワンプット		

木曜日は正式には **วันพฤหัสบดี** [wan phrɯ́hàtsabɔɔdii ワンプルハットサボーディー] といいます。

お友達はいつ来ますか？　8課

練習問題8

1 単語練習：次の日本語をタイ語にして、発音してみましょう。
①いつ　②何曜日　③何日　④先週　⑤今月　⑥来月　⑦5日後
⑧3年前　⑨誕生日　⑩日曜日　⑪月曜日　⑫水曜日　⑬会う

2 次のタイ語を和訳してください。

① วันเสาร์ นี้ ไป กิน อาหาร ไทย ไหม
wan sǎw níi pay kin aahǎan thay mǎy　ワン・サォ・ニー・パイ・キン・アーハーン・タイ・マィ

② เขา จะ มา เที่ยว กรุงเทพฯ วันที่ 20 เดือน หน้า
kháw cà maa thîːaw kruŋthêep wan thîi yîi sìp dɯːan nâa
カォ・チャ・マー・ティーオ・クルンテープ・ワンティー・イー・シップ・ドゥーアン・ナー

③ ปี ที่แล้ว สอน ภาษา จีน ทั้งหมด 210 ชั่วโมง
pii thîi lɛ́ɛw sɔ̌ɔn phaasǎa ciin táŋmòt sɔ̌ɔŋ rɔ́ɔy sìp chûːa mooŋ
ピー・ティーレーォ・ソーン・パーサー・チーン・タンモット・ソーン・ローイ・シップ・チューァモーン

解答はP150

文法のポイント

次の文についてみてみましょう。

wan láからの副詞句は主部2に対する述部

①主語に「私」「先生」などの行為者を置く必要がない例を前課で学びました。

โรงเรียนนี้ สอน ภาษา ไทย วัน ละ 3 ชั่วโมง
rooŋ riːan níi　sɔ̌ɔn phaasǎa thay　wan lá sǎam chûːa mooŋ
ローンリーアンニー・ソーン・パーサー・タイ・ワン・ラ・サーム・チューァモーン

主語1　指示詞　動詞　　目的語　　　　　　　副詞句
　主部1　　　　　述部1
　　　主部2　　　　　　　　　　　　　　述部2

この学校は、1日3時間タイ語を教えます。

6課(P43)でみた「主部1＋述部1」が「主部2」になる構文と同じ

②タイ語はふたつの主語が置けます（下の例では「この学校」と「私」）。主語がふたつある場合「主語2＋述語動詞～」部分が主部1に対する述部1になります。

โรงเรียนนี้ ผม สอน ภาษา ไทย วัน ละ 3 ชั่วโมง
rooŋ riːan níi　　phǒm　sɔ̌ɔn phaasǎa thay　wan lá sǎam chûːa mooŋ
ローンリーアンニー・ポム・ソーン・パーサー・タイ・ワン・ラ・サーム・チューァモーン

この学校は、私が1日3時間タイ語を教えます。

主語1　指示詞　　主語2　動詞　目的語　　　　　副詞句
主部1（この学校）　述部1（私はタイ語を教える）
　　　　　　　　　　　主部2　　　　　　　述部2（1日3時間）

②は主語がふたつあるので、「主語2＋動詞＋目的語」が述部1（かつ主部2）になる

9課

ご両親はどこにいますか？
（所在文・存在文）

9課のポイント

この課では、居場所について述べる所在文と、人や物が存在することを表す存在文について学びます。所在文と存在文は、ともに「いる」「ある」と訳すので、違いをしっかり理解しましょう。

พ่อ ของ คุณ อยู่ ที่ไหน คะ
phɔ̂ɔ khɔ̌ɔŋ khun yùu thîi nǎy khá
ポー・コーン・クン・ユー・ティーナィ・カ
あなたのお父さんはどこにいますか？

— เขา อยู่ ที่ จังหวัด สุโขทัย ครับ
kháw yùu thîi caŋwàt sùkhǒothay khráp
カォ・ユー・ティー・チャンワット・スコータイ・クラップ
スコータイ県にいます。
→ ที่[thîi ティー]は省略できる

สุโขทัย มี วัด หลาย แห่ง
sùkhǒothay mii wát lǎay hɛ̀ŋ
スコータイ・ミー・ワット・ラーイ・ヘン
スコータイには多くのお寺があります。
→ 前から修飾する形容詞（例外）

พี่สาว กับ พ่อ แม่ อยู่ ด้วย กัน
phîi sǎaw kàp phɔ̂ɔ mɛ̂ɛ yùu dû:ay kan
ピーサーォ・カップ・ポー・メー・ユー・ドゥーアィ・カン
姉と両親は一緒に住んでいます。

เขา มี แฟน อยู่ บ้าน ใกล้ๆ กัน
kháw mii fɛɛn yùu bâan klây klây kan
カォ・ミー・フェーン・ユー・バーン・クラィ・クラィ・カン
彼女は近所の家に恋人がいます。
→ クラィ「近い」は繰り返すことが多い

単語 อยู่[yùu ユー]いる、ある　ที่ไหน[thîi nǎy ティーナィ]どこ　จังหวัด[caŋwàt チャンワット]県　สุโขทัย[sùkhǒothay スコータイ]スコータイ(地名)　มี[mii ミー]いる、ある　วัด[wát ワット]寺　หลาย[lǎay ラーイ]多くの　แห่ง[hɛ̀ŋ ヘン]場所　กับ[kàp カップ]〜と　ด้วยกัน[dû:ay kan ドゥーアィ・カン]一緒に　แฟน[fɛɛn フェーン]恋人(妻・夫という意味でも使う)　ใกล้ๆ[klây klây クラィ・クラィ]〜の近く　บ้าน[bâan バーン]家

ご両親はどこにいますか？　9課

1　「いる」と「ある」

　動詞 อยู่ [yùu ユー] と มี [mii ミー] は、どちらも人・動物なら「いる」、ものであれば「ある」と訳します。

2　所在文

　อยู่ [yùu ユー] は所在を表し、「AはBにいる（ある）」は A + อยู่ [yùu ユー] + B（居場所）と言います。　　──「住む」という意味もある

เพื่อน พ่อ อยู่ เชียงใหม่　　父の友人はチェンマイにいます。
phŵ̂:an phɔ̂ɔ yùu chi:aŋmày　プーアン・ポー・ユー・チーアンマイ

วันนี้ แม่ ไม่ อยู่ บ้าน　　今日、母は家にいません。
wan níi mɛ̂ɛ mây yùu bâan　ワンニー・メー・マイ・ユー・バーン

3　所在文の疑問文

　「Aはいますか（ありますか）？」は A + อยู่ ไหม [yùu mǎy ユー・マイ] とたずねます。

พี่ชาย อยู่ ไหม　　お兄さんはいますか？
phîi chaay yùu mǎy　ピーチャーイ・ユー・マイ

พรุ่งนี้ น้องชาย จะ อยู่ บ้าน ไหม　　明日、弟（さん）は家にいますか？
phrûŋ níi nɔ́ɔŋ chaay cà yùu bâan mǎy　プルンニー・ノーンチャーイ・チャ・ユー・バーン・マイ

- **อยู่**　います。／ **ไม่ อยู่**　いません。
  yùu　ユー　　　　　mây yùu　マイ・ユー

4　具体的な場所をたずねる

　次に場所をたずねる言い方です。返答は場所を表す名詞を อยู่ [yùu ユー] の後に置きます。　　直訳は「どの場所」

　「Aはどこにいますか（ありますか）？」は A + อยู่ ที่ไหน [yùu thîi nǎy ユー・ティーナイ] です。

น้องสาว อยู่ ที่ไหน　　妹（さん）はどこにいますか？
nɔ́ɔŋ sǎaw yùu thîi nǎy　ノーンサーォ・ユー・ティーナイ　　直訳は「家（という場所）」

- **อยู่ (ที่) บ้าน เพื่อน ดิฉัน**　　私の友人の家にいます。
  yùu (thîi) bâan phŵ̂:an dichán　ユー・(・ティー・)・バーン・プーアン・ディチャン

9課　ご両親はどこにいますか？

ห้องน้ำ อยู่ ที่ ไหน　　　トイレはどこにありますか？
hɔ̂ŋ náam yùu thîi nǎy ホンナーム・ユー・ティーナイ

- อยู่ ใน ตลาด นั้น　　あのマーケットの中にあります。
yùu nay talàat nán ユー・ナイ・タラート・ナン

โรงเรียน อยู่ ใน วัด นั้น　学校はそのお寺の中にあります。
rooŋ ri:an yùu nay wát nán ローンリーアン・ユー・ナイ・ワット・ナン

単語　ห้องน้ำ[hɔ̂ŋ náam ホンナーム]トイレ　　ใน[nay ナイ]中　　ตลาด[talàat タラート]マーケット、市場

最後の音節では「ナーム」と長く発音する

5　存在文

มี[mii ミー]は存在を表す動詞で　มี[mii ミー] + A　で「Aがいる（ある）」を表します。B + มี[mii ミー] + A は「B（名詞）にはAがいる（有る）」や「BはAを持っている」と訳せます。

มี พี่น้อง กี่ คน　何人きょうだいがいますか？　**- มี 3 คน**　3人います。
mii phîi nɔ́ɔŋ kìi khon ミー・ピーノーン・キー・コン　　mii sǎam khon ミー・サーム・コン

เขา มี แฟน　彼には恋人がいます。
kháw mii fɛɛn カォ・ミー・フェーン

疑問文「Aがいますか／ありますか？」は มี A ไหม[mii A mǎy ミー・A・マイ]といいます。

มี ปากกา ไหม　ペンがありますか？
mii pàakkaa mǎy ミー・パークカー・マイ

「ペンを持っていますか？」という意

- มี　あります。　／　**ไม่ มี**　ありません。
mii ミー　　　　　　　mây mii マイ・ミー

มี[mii ミー]の後に人物名は置けません。例えば「田中さんは家にいます」と言う場合、**มีทะนะกะอยู่บ้าน**[mii thanaka yùu bâan ミー・タナカ・ユー・バーン]ではなく、**ทะนะกะอยู่บ้าน**[thanaka yùu bâan タナカ・ユー・バーン]となります（最初のมี[mii ミー]は言いません。ちなみにタイでは呼び捨てが一般的です）。人物名ではなく人を表す「友人」「学生」「家族」「きょうだい」「従業員」「タイ人」などの単語はมี[mii ミー]の後に置き、存在文を作ります。

単語　พี่น้อง[phîi nɔ́ɔŋ ピーノーン]きょうだい

ご両親はどこにいますか？　9課

練習問題9

1 単語練習：次の日本語をタイ語にして、発音してみましょう。
①どこ（に）　②いる、ある（所在）　③いる、ある（存在）　④家　⑤寺
⑥マーケット　⑦父　⑧母　⑨恋人　⑩トイレ　⑪県　⑫近い　⑬中

2 次のタイ語を和訳してください。

① พรุ่งนี้ อาจารย์ จะ อยู่ บ้าน ไหม
phrûŋ níi aacaan cà yùu bâan măy
プルンニー・アーチャーン・チャ・ユー・バーン・マイ

② มี หนังสือ ไทย กี่ เล่ม ― มี หลาย เล่ม
mii năŋsɯ̌ɯ thay kìi lêm　　mii lăay lêm
ミー・ナンスー・タイ・キー・レム　　ミー・ラーイ・レム

③ พี่สาว กับ แม่ ไป ตลาด ด้วย กัน
phîi săaw kàp mɛ̂ɛ pay talàat dûːay kan
ピーサーオ・カップ・メー・パイ・タラート・ドゥーアイ・カン

解答はP150

文法のポイント

存在文と所在文

① มี หมา　　　　　　　　　　→どんな犬でもよい
   mii măa　　ミー・マー　　　犬がいる（存在文）☞　犬がいるかいないかが重要。

　　　　　　　　　　　　　　　→特定の犬
② หมา อยู่ ใน บ้าน　　　　　犬は家の中にいる（所在文）☞　犬がいる場所がどこ
   măa yùu nay bâan　マー・ユー・ナイ・バーン　　　　　　　かが重要。

存在しないものに居場所はないので最初に存在することを言う

■存在文+所在文⇨所在文は存在文のあとに続けます。

อยู่[yùu ユー]と言った
時点で特定の犬になる

③（①+②） มี　 หมา อยู่ ใน บ้าน
　　　　　 mii　 măa yùu nay bâan　ミー・マー・ユー・ナイ・バーン
　　　　　 存在する　犬　いる　中 ← 家
　　　　　　　　　　　　　　家の中に犬がいます（犬がいて、その犬は家の中にいる）。

■B（名詞）+ มี[mii ミー]+ A「BにはAがいる（有る）」で表した存在文が次の④です。

　　　　　　　　　　→文末に อยู่[yùu ユー]があると存在文+所在文（③のパターン）になる

④ ใน บ้าน มี หมา (อยู่)　家の中に犬がいる。　存在文の前に所在文を作る อยู่
   nay bâan mii măa (yùu)　ナイ・バーン・ミー・マー・（・ユー）　[yùu ユー]を文頭に置かない。
　　　　　　　　　　　　　　　　　　　　　　　　　　　　　　　　　　ここでは名詞 ใน[nay ナイ]
[単語] หมา[măa マー]犬　　　　　　　　　　　　　　　　　　　　　　「中」が主語になる

55

10 課

どこで仕事をしていますか？
（場所を表す表現）

10課のポイント

この課では、「ここ（で）、そこ（で）」を表す場所代名詞、「上、下、中、外」などの場所を表す語や場所に関連した表現を学びましょう。

คุณ ราตรี ทำงาน ที่ไหน
khun raatrii tham ŋaan thîi nǎy
クン・ラートリー・タムガーン・ティーナイ
ラートリーさんはどこで仕事をしていますか？

ー เขา ทำงาน ที่ ธนบุรี
kháw tham ŋaan thîi thonburii
カォ・タムガーン・ティー・トンブリー
彼女はトンブリーで仕事をしています。

บริษัท เขา อยู่ หน้า วัดอรุณ
bɔɔrisàt kháw yùu nâa wát arun
ボーリサット・カォ・ユー・ナー・ワットアルン
彼女の会社はワットアルンの前にあります。
→ bari ではなく bɔɔri と読む不規則綴り

จาก ธนาคาร ถึง บ้าน ใช้ เวลา เท่าไร
càak thanaakhaan thǔŋ bâan cháy weelaa thâwray
チャーク・タナーカーン・トゥン・バーン・チャイ・ウェーラー・タォライ
銀行から家までどのくらいかかりますか？

ー นั่ง รถเมล์ ไป ประมาณ ครึ่ง ชั่วโมง
nâŋ rótmee pay pramaan khrûŋ chûa mooŋ
ナン・ロットメー・パイ・プラマーン・クルン・チューアモーン
バスに乗っていくと半時間くらいです。
→ chûa mooŋ khrûŋ と逆にすれば「1時間半」の意

単語 ธนบุรี[thonburii トンブリー]トンブリー（地名）　บริษัท[bɔɔrisàt ボーリサット]会社　หน้า[nâa ナー]前　วัดอรุณ[wát arun ワットアルン]ワットアルン（寺院名）　จาก[càak チャーク]〜から　ธนาคาร[thanaakhaan タナーカーン]銀行　ใช้[cháy チャイ]使う　เวลา[weelaa ウェーラー]時間　นั่ง[nâŋ ナン]（乗り物に）乗る、座る　รถเมล์[rótmee ロットメー]バス（รถ[rót ロット]車）　ประมาณ[pramaan プラマーン]約、〜くらい

どこで仕事をしていますか？　10課

1　(場所)で〜する (している)

場所を表す名詞に ที่ [thîi ティー] を続けると「(場所)で〜する」という意味になります。

เขา ทำงาน ที่ ธนาคาร　　彼女は銀行で働いています。
kháw tham ŋaan thîi thanaakhaan　カォ・タムガーン・ティー・タナーカーン

ดิฉัน เรียน ภาษา ไทย ที่ โรงเรียน นี้
dichán ri:an phaasǎa thay thîi rooŋri:an níi
ディチャン・リーアン・パーサー・タイ・ティー・ローンリーアン・ニー
　　　　　　　　　　　　私はこの学校でタイ語を勉強しています。

2　場所代名詞

ที่ [thîi ティー] に、主語になる指示代名詞を続けると場所を表す代名詞になります。

ที่นี่	ここ	ที่นั่น	そこ・あそこ	ที่โน่น	あちら
thîi nîi ティーニー		thîi nân ティーナン		thîi nôon ティーノーン	

บ้าน เขา อยู่ ที่นี่　　彼の家はここにあります。
bâan kháw yùu thîi nîi　バーン・カォ・ユー・ティーニー

ที่นี่ เป็น บริษัท เขา　　ここは彼女の会社です。
thîi nîi pen bɔɔrisàt kháw　ティーニー・ペン・ボーリサット・カォ

3　場所を表す語　──▶ 働きは前置詞的ですが名詞です

「病院」「台所」などの前に「場所を表す語」を置くと位置関係が明確になります。

中	外	上	下	中央
ใน	นอก	บน	ใต้	กลาง
nay ナイ	nɔ̂ɔk ノーク	bon ボン	tâay ターイ	klaaŋ クラーン

前	後ろ	右	左	横、〜側
หน้า	หลัง	ขวา	ซ้าย	ข้าง
nâa ナー	lǎŋ ラン	khwǎa クワー	sáay サーイ	khâŋ カン

คุณ นุ้ย อยู่ หน้า วัดพระแก้ว　　ヌイさんはエメラルド寺院の前にいます。
khun núy yùu nâa wát phrakɛ̂ɛw　クン・ヌイ・ユー・ナー・ワットプラケーォ

โรงพยาบาล อยู่ หลัง โรงแรม　　病院はホテルの後ろにあります。
rooŋphayaabaan yùu lǎŋ rooŋrɛɛm　ローンパヤーバーン・ユー・ラン・ローンレーム

10課　どこで仕事をしていますか？

■「～側」と言う場合、ข้าง [khâŋ カン] ＋場所を表す語 で表します。

คุณ แป้ง รอ อยู่ ข้าง บน　ペーンさんは上で待っています。
khun pɛ̂ɛŋ rɔɔ yùu khâŋ bon　クン・ペーン・ロー・ユー・カン・ボン

ร้านขายยา อยู่ ข้าง ขวา (ของ ร้านขายหนังสือ)
ráan khǎay yaa yùu khâŋ khwǎa (khɔ̌ɔŋ ráan khǎay nǎŋsɯ̌ɯ)
ラーンカーイヤー・ユー・カン・クワー（・コーン・ラーンカーイナンスー）
薬局は（書店の）右側にあります。
→ この3語（店・売る・本）で「書店」

■ ข้าง [khâŋ カン]「～側」に関し、次の2つに注意しましょう。
　① 「下側」の場合だけ ใต้ [tâay ターィ] でなく ล่าง [lâaŋ ラーン] を使います。

แมว อยู่ ข้าง ล่าง　猫は下にいます。
mɛɛw yùu khâŋ lâaŋ　メーォ・ユー・カン・ラーン

＊ แมว อยู่ ใต้ โต๊ะ　猫は机の下にいます。（「～の下に…」と言う場合）
mɛɛw yùu tâay tó　メーォ・ユー・ターィ・ト

　② 「横（側）」の場合 ข้าง [khâŋ カン] を2回言います。最初は「～側」、次が「横」です。

พี่สาว กับ แม่ อยู่ ข้าง ๆ　姉と母は横（側）にいます。
phîi sǎaw kàp mɛ̂ɛ yùu khâŋ khâaŋ　ピーサーォ・カップ・メー・ユー・カン・カーン
→ 繰り返し表現は2回目を長く発音することが多い

単語 วัดพระแก้ว [wát phrakɛ̂ɛw ワットプラケーォ] エメラルド寺院
โรงพยาบาล [rooŋphayaabaan ローンパヤーバーン] 病院　โรงแรม [rooŋrɛɛm ローンレーム] ホテル
รอ [rɔɔ ロー] 待つ　ร้าน [ráan ラーン] 店　ขาย [khǎay カーィ] 売る　ยา [yaa ヤー] 薬　แมว
[mɛɛw メーォ] 猫　โต๊ะ [tó ト] 机

4　A から B まで（距離）
→ 時間を表す「A から B」（7課3）との混同に注意！

距離を表す「A から B まで」は จาก [càak チャーク] A（場所）ถึง [thɯ̌ŋ トゥン] B（場所）です。

จาก กรุงเทพฯ ถึง เชียงใหม่ ใช้ เวลา เท่าไร
càak kruŋthêep thɯ̌ŋ chiaŋmày cháy weelaa thâwray
チャーク・クルンテープ・トゥン・チーアンマイ・チャイ・ウェーラー・タォライ
バンコクからチェンマイまでどのくらい時間がかかりますか？

- ประมาณ 8 ชั่วโมง　約8時間です。
pramaan pɛ̀ɛt chûa mooŋ　プラマーン・ペート・チューアモーン

■「どのくらい時間がかかるか」 ใช้ เวลา เท่าไร [cháy weelaa thâwray チャイ・ウェーラー・タォライ]

どこで仕事をしていますか？ **10課**

練習問題 10

1 単語練習：次の日本語をタイ語にして、発音してみましょう。
①外 ②上 ③下（2とおり） ④前 ⑤後ろ ⑥机 ⑦ホテル
⑧病院 ⑨会社 ⑩乗る ⑪バス ⑫〜から（距離） ⑬待つ

2 次のタイ語を和訳してください。

① พวก เขา ทำงาน ที่ จังหวัด นี้
phû:ak kháw tham ŋaan thîi caŋwàt níi プーアック・カオ・タムガーン・ティー・チャンワット・ニー

② มี แมว อยู่ ข้าง บน
mii mɛɛw yùu khâŋ bon ミー・メーォ・ユー・カン・ボン

③ จาก โรงแรม ถึง ตลาด นั่ง รถเมล์ ใช้ เวลา สอง ชั่วโมง ครึ่ง
càak rooŋrɛɛm thǔŋ talàat nâŋ rótmee cháy weelaa sɔ̌ɔŋ chû:a mooŋ khrûŋ
チャーク・ローンレーム・トゥン・タラート・ナン・ロットメー・チャイ・ウェーラー・ソーン・チューア・モーン・クルン

解答はP151

文法のポイント

動詞の連続（パターン 2-1）

本文の「バスに乗っていく」のように「〜していく」「〜してくる」「〜してみる」などの下線部は、それぞれ「行く」「来る」「見る」と同じ動詞を使います。

ดู ทีวี มา　　　　　　　　　　テレビを見てくる。
duu thii wii maa ドゥー・ティーウィー・マー

มา กิน ขนมชั้น ดู　　　　　　カノムチャンを食べに来てみる。
maa kin khanǒm chán duu マー・キン・カノムチャン・ドゥー

นั่ง รถเมล์ ไป　　　　　　　バスに乗っていく。
nâŋ rótmee pay ナン・ロットメー・パイ
　　　　　　　　　　　　　ไป［pay パイ］「行く」は今いる場所から離れる、
　　　　　　　　　　　　　心が離れるというニュアンスがある

前置詞句が主部になることもあります。

จาก กรุงเทพฯ ถึง เชียงใหม่ ใช้ เวลา เท่าไร
càak kruŋthêep　　　thǔŋ chi:aŋmày　　cháy weelaa thâwray
チャーク・クルンテープ・トゥン・チーアンマイ・チャイ・ウェーラー・タオライ

前置詞句	前置詞句	動詞　目的語　疑問詞
主部		述部

バンコクからチェンマイまで（は）、どのくらい時間がかかりますか？

年号・時刻・月

65 年号 タイでは仏暦を使います。仏暦＝西暦＋543年。

2013年は仏暦2556年で **พ.ศ 2556** [phɔɔ sɔ̌ɔ sɔ̌ɔŋ phan hâa rɔ́ɔy hâa sìp hòk ポー・ソー・ソーン・パン・ハー・ローイ・ハー・シップ・ホック] といい、**พ.ศ** [phɔɔ sɔ̌ɔ ポー・ソー] は **พุทธศักราช** [phúttha sàkkarâat プッタ・サッカラート]「仏暦」の略です。
→「仏陀」のこと

66 時刻 時間帯別に覚えましょう。

夜中（午前1時～午前5時）**ตี** [tii ティー]…

午前1時	**ตี หนึ่ง** [tii nɯ̀ŋ ティー・ヌン]
午前2時	**ตี สอง** [tii sɔ̌ɔŋ ティー・ソーン]
午前3時	**ตี สาม** [tii sǎam ティー・サーム]
午前4時	**ตี สี่** [tii sìi ティー・シー]
午前5時	**ตี ห้า** [tii hâa ティー・ハー]

朝（午前6時～午前11時）…**โมง เช้า** [mooŋ cháaw モーン・チャーオ]（**เช้า** [cháaw チャーオ] は「朝」）

午前6時	**หก โมง เช้า** [hòk mooŋ cháaw ホック・モーン・チャーオ]
午前7時	**เจ็ด โมง เช้า** [cèt mooŋ cháaw チェット・モーン・チャーオ]
	（**หนึ่ง โมง เช้า** [nɯ̀ŋ mooŋ cháaw ヌン・モーン・チャーオ]「朝の1時」）
	「朝の7時」は「朝の1時」とも言います。朝の8時から朝の11時までも同様です
午前8時	**แปด โมง เช้า** [pɛ̀ɛt mooŋ cháaw ペート・モーン・チャーオ]
午前9時	**เก้า โมง เช้า** [kâw mooŋ cháaw カオ・モーン・チャーオ]
午前10時	**สิบ โมง เช้า** [sìp mooŋ cháaw シップ・モーン・チャーオ]
午前11時	**สิบ เอ็ด โมง เช้า** [sìp èt mooŋ cháaw シップ・エット・モーン・チャーオ]
午前12時（正午）	**เที่ยง** [thîaŋ ティーアン]

午後（午後1時～午後3時）**บ่าย** [bàay バーイ]… **โมง** [mooŋ モーン]

午後1時	**บ่าย โมง** [bàay mooŋ バーイ・モーン]
午後2時	**บ่าย สอง โมง** [bàay sɔ̌ɔŋ mooŋ バーイ・ソーン・モーン]
午後3時	**บ่าย สาม โมง** [bàay sǎam mooŋ バーイ・サーム・モーン]

年号・時刻・月

夕方（午後4時～午後6時）… โมง เย็น[mooŋ yen モーン・イェン]（เย็น[yen イェン]は「夕方」「涼しい」）

午後4時	สี่ โมง เย็น[sìi mooŋ yen シー・モーン・イェン]
午後5時	ห้า โมง เย็น[hâa mooŋ yen ハー・モーン・イェン]
午後6時	หก โมง เย็น[hòk mooŋ yen ホック・モーン・イェン]

■（บ่าย[bàay バーイ]の意味は「昼」，1時の1は省略する場合が多い）午後2時から午後6時までの บ่าย[bàay バーイ]や เย็น[yen イェン]は省略できます。

夜（午後7時～午後11時）… ทุ่ม[thûm トゥム]（夜の1時，2時のような言い方。午後11時は夜の5時）

午後7時	หนึ่ง ทุ่ม[nɯ̀ŋ thûm ヌン・トゥム]　「ヌン（1）」は省略しない
午後8時	สอง ทุ่ม[sɔ̌ɔŋ thûm ソーン・トゥム]
午後9時	สาม ทุ่ม[sǎam thûm サーム・トゥム]
午後10時	สี่ ทุ่ม[sìi thûm シー・トゥム]
午後11時	ห้า ทุ่ม[hâa thûm ハー・トゥム]
午後12時	เที่ยง คืน[thîaŋ khɯɯn ティーアン・クーン]（または หก ทุ่ม[hòk thûm ホック・トゥム]）

67　月

1月	มกราคม mókkaraakhom モッカラーコム	7月	กรกฎาคม karákadaakhom カラッカダーコム
2月	กุมภาพันธ์ kumphaaphan クンパーパン	8月	สิงหาคม sǐŋhǎakhom シンハーコム
3月	มีนาคม miinaakhom ミーナーコム	9月	กันยายน kanyaayon カンヤーヨン
4月	เมษายน meesǎayon メーサーヨン	10月	ตุลาคม tùlaakhom トゥラーコム
5月	พฤษภาคม phrɯ́tsaphaakhom プルサッパーコム	11月	พฤศจิกายน phrɯ́tsacikaayon プルサッチカーヨン
6月	มิถุนายน mítùnaayon ミトゥナーヨン	12月	ธันวาคม thanwaakhom タンワーコム

■正式には月名の前に เดือน[dɯan ドゥーアン]「月」を付けます。

30日までの月には ยน[yon ヨン]、31日までの月には คม[khom コム]が、また2月だけは พันธ์[phan パン]が付きます。この3つは会話では一般に省略されます。

11 課

日本から来ました（接続詞・前置詞）

11課のポイント

この課では、接続詞と前置詞の使い方と、疑問詞に関連する表現（婉曲、不定代名詞）を学びましょう。

คุณ มา จาก ไหน คะ
khun maa càak nǎy khá
クン・マー・チャーゥ・ナィ・カ

どこからいらっしゃいましたか？

— ผม มา จาก ญี่ปุ่น ครับ
phǒm maa càak yîipùn khráp
ポム・マー・チャーゥ・イープン・クラッブ

日本から来ました。

เขา มา ดู โรงงาน แล้ว ก็ ไป อยุธยา
kháw maa duu rooŋŋaan lɛ́ɛw kɔ̂ɔ pay ayútthayaa
カォ・マー・ドゥー・ローンガーン・レーォ・コー・パィ・アユッタヤー

→ 英語なら and (then)

彼は工場を見てからアユタヤへ行きました。

ไป อยุธยา กับ ใคร บ้าง
pay ayútthayaa kàp khray bâaŋ
パィ・アユッタヤー・カップ・クライ・バーン

アユタヤへは誰と行きましたか？

— ไป กับ หัวหน้า และ พนักงาน 10 คน
pay kàp hǔ:a nâa lɛ́ phanákŋaan sìp khon
パィ・カップ・フーアナー・レ・パナックガーン・シップ・コン

部長と10人の従業員とで行きます。

[単語] ไหน [nǎy ナィ] どこ、どの　　โรงงาน [rooŋŋaan ローンガーン] 工場　　แล้ว ก็ [lɛ́ɛw kɔ̂ɔ レーォ・コー] それから　　อยุธยา [ayútthayaa アユッタヤー] アユタヤ（地名）　　บ้าง [bâaŋ バーン]（答えに複数の人やものを求める婉曲表現）　　หัวหน้า [hǔ:a nâa フーアナー] 部長、ボス　　และ [lɛ́ レ] そして　　พนักงาน [phanákŋaan パナックガーン] 従業員

日本から来ました　11課

1　どこ

「どこ(ですか)？」と場所をたずねる場合、**ไหน**[nǎy ナィ]を使います。

จะ ไป ไหน　　　どこへ行きますか？
cà pay nǎy　チャ・パイ・ナイ

― **จะ ไป อยุธยา**　アユタヤへ行きます。
cà pay ayútthayaa　チャ・パイ・アユッタヤー

日本語の「～へ、に(英語の to)」にあたる語は不要

「別れる」「離れる」という意味の動詞。失恋の曲でよく使われる

「どこから来ましたか」の「から」には **จาก**[càak チャーク]を使います。

เขา มา จาก ไหน　彼はどこから来ましたか？
kháw maa càak nǎy　カオ・マー・チャーク・ナイ

― **มา จาก จังหวัด ระยอง**　ラヨーン県から来ました。
maa càak caŋwàt rayɔɔŋ　マー・チャーク・チャンワット・ラヨーン

[単語] **ระยอง**[rayɔɔŋ ラヨーン]ラヨーン(地名、パタヤに近い東部リゾート地の拠点)

2　AとB

① A **และ**[lɛ́ レ]B と、② A **กับ**[kàp カップ]B はともに「AとB」を表しますが、①は単に「A と(そして)B」を表す接続詞、②は「A と B(は一緒に)」といったニュアンスを伴う前置詞です。

เมื่อวานนี้ พ่อ และ แม่ ไป ระยอง　昨日、父と母はラヨーンに行きました。
mûːawaanníi phɔ̂ɔ lɛ́ mɛ̂ɛ pay rayɔɔŋ
ムーアワーンニー・ポー・レ・メー・パイ・ラヨーン

父と母は別々にラヨーンへ行った可能性もある

เมื่อวานนี้ พ่อ กับ แม่ ไป ระยอง　昨日、父と母はラヨーンに行きました。
mûːawaanníi phɔ̂ɔ kàp mɛ̂ɛ pay rayɔɔŋ
ムーアワーンニー・ポー・カップ・メー・パイ・ラヨーン

父と母は一緒にラヨーンへ行った

3　(一緒に)～する

上記の **กับ**[kàp カップ]を、動詞～**กับ**[kàp カップ]とすれば「A と(一緒に)～する」という意味です。

เมื่อวานนี้ พ่อ ไป ระยอง กับ แม่　昨日、父は(一緒に)ラヨーンに母と行きました。
mûːawaanníi phɔ̂ɔ pay rayɔɔŋ kàp mɛ̂ɛ
ムーアワーンニー・ポー・パイ・ラヨーン・カップ・メー

「母」と「ラヨーン(地名)」は同列ではないので、ここに並列を表す接続詞 **และ**[lɛ́ レ]は使えない(注意！)

11課　日本から来ました

4　そして（それから）〜する

「AをしてそしてBをする」のように動作の順序「そして〜する」を表す場合、แล้ว ก็ [lɛ́ɛw kɔ̂ɔ レーォ・コー] を使います（ก็ [kɔ̂ɔ コー] は省略できます）。

เขา มา โรงงาน แล้ว ก็ ไป กิน ข้าว
kháw maa rooŋŋaan lɛ́ɛw kɔ̂ɔ pay kin khâaw
カォ・マー・ローンガーン・レーォ・コー・パイ・キン・カーォ
彼は工場に来て、そして食事に行きました。

■動作の順序でなく、並列関係を述べるときの「そして」は และ [lɛ́ レ] を使います。

เขา ไป เชียงใหม่ และ สุโขทัย
kháw pay chi:aŋmày lɛ́ sukhǒothay　カォ・マー・チーァンマイ・レ・スコータイ
彼はチェンマイ（に行き）、そしてスコータイに行きました。
（＝彼はチェンマイとスコータイに行きました）

5　婉曲の บ้าง [bâaŋ バーン]

「何」「どこ」「誰」などの疑問文の文末に บ้าง [bâaŋ バーン] を置くと暗に返答に複数の人やものを期待します。

何々が（＝どんなものが）

มี น้ำ อะไร บ้าง
mii nám aray bâaŋ　ミー・ナム・アライ・バーン
飲み物は何がありますか？

- มี น้ำส้ม และ น้ำลิ้นจี่
mii nám sôm lɛ́ nám líncìi　ミー・ナムソム・レ・ナムリンチー
オレンジジュースとライチジュースがあります。

ここには กับ [kàp カップ] が使えます

単語 น้ำ [nám ナム] 水（ここでは「飲み物」）　น้ำส้ม [nám sôm ナムソム] オレンジジュース
น้ำลิ้นจี่ [nám líncìi ナムリンチー] ライチジュース

6　不定代名詞

疑問詞はそのままの形で「何か」「どこにも」などの不定代名詞になります。

จะ กิน อะไร ไหม
cà kin aray mǎy　チャ・キン・アライ・マイ
何か食べますか？

ไม่ ไป ไหน
mây pay nǎy　マイ・パイ・ナイ
どこにも行きません。

日本から来ました　11課

練習問題11

70

1 単語練習：次の日本語をタイ語にして、発音してみましょう。
①アユタヤ　②〜から　③どの　④工場　⑤そして（接続詞）
⑥それから　⑦〜と（共に）　⑧水、飲み物　⑨オレンジジュース　⑩従業員

71

2 次のタイ語を和訳してください。

① วันนี้ พ่อ กับ แม่ ไป ตลาด ด้วย กัน
wan níi phɔ̂ɔ kàp mɛ̂ɛ pay talàat dûːay kan
ワンニー・ポー・カップ・メー・パイ・タラート・ドゥーアイ・カン

② มี อะไร บ้าง － ไม่ มี อะไร จะ กิน
mii aray bâaŋ　　mây mii aray cà kin
ミー・アライ・バーン　　マイ・ミー・アライ・チャ・キン

③ อยาก จะ ไป เที่ยว อยุธยา กับ เพื่อน คนไทย
yàak cà pay thîːaw ayútthayaa kàp phɯ̂ːan khon thay
ヤーク・チャ・パイ・ティーアオ・アユッタヤー・カップ・プーアン・コンタイ

解答はP151

72

文法のポイント

　主部1の説明は述部1で述べるので、主部1と述部2以降との関連は徐々に希薄になる傾向があります。

① | พ่อ ไป ระยอง | กับ แม่ |
phɔ̂ɔ pay rayɔɔŋ　kàp mɛ̂ɛ
ポー・パイ・ラヨーン・　カップ・メー
主語　動詞　目的語　　前置詞　名詞
主部1　　述部1　　　　　　述部2
　　　　主部2

父は母とラヨーン（県）に行きました。

② | พ่อ กับ แม่ ไป ระยอง |
phɔ̂ɔ kàp mɛ̂ɛ pay rayɔɔŋ
ポー・カップ・メー・パイ・ラヨーン
名詞　前置詞　名詞　動詞　目的語
　　主部1（主語）　　　述部1

父と母は（どちらも一緒に）ラヨーンに行きます。

▶ 述部1は主部1の説明なので
父母どちらもラヨーンに行く

　①はラヨーンへ行く「父（主部1）」が、母と一緒に出かける文ですが、「母（述部2）」もラヨーンへ行くとは限りません（主部1と述部2以降の関係が希薄になるからです）。②（主部1＋述部1）であれば「父と母（主部1）」は「どちらも一緒にラヨーンに行く（述部1）」という意味になります。

参考　②の前置詞 **กับ**［kàp カップ］を接続詞 **และ**［lɛ́ レ］に代えると、父母どちらもラヨーンに行くけれど、一緒に行くとは限りません（父は朝、母は午後ラヨーンに行く場合などもあり得ます）。

12課
ココナツジュースがいちばん好きです（比較文）

12課のポイント 🎧73

この課では形容詞の比較表現（「〜と同じ」「〜より」「〜がいちばん」）を学びましょう。

ต้มยำกุ้ง เผ็ด เท่า กับ แกงกะหรี่
tôm yam kûŋ phèt thâw kàp kɛɛŋkarìi
トムヤムクン・ペッ・タォ・カップ・ケーンカリー
トムヤムクンはケーンカリーと同じくらい辛い。

「トムヤンクン」と発音するのはやめましょう

ต้มข่าไก่ ไม่ เผ็ด เท่า กับ ต้มยำกุ้ง
tôm khàa kày mây phèt thâw kàp tôm yam kûŋ
トムカーカイ・マイ・ペッ・タォ・カップ・トムヤムクン
トムカーカイはトムヤムクンほど辛くない。

ร้านนี้ กาแฟ หวาน กว่า ร้าน นั้น
ráan níi kaafɛɛ wǎan kwàa ráan nán
ラーンニー・カーフェー・ワーン・クワー・ラーン・ナン
この店は、コーヒーがあの店より甘いです。

ดิฉัน ชอบ น้ำมะพร้าว ที่สุด
dichán chɔ̂ɔp nám maphráaw thîi sùt
ディチャン・チョープ・ナムマプラーオ・ティースッ
私はココナツジュースがいちばん好きです。

อาหาร ไทย กับ ญี่ปุ่น อร่อย เหมือน กัน
aahǎan thay kàp yîipùn arɔ̀y mǔːan kan
アーハーン・タイ・カップ・イープン・アロイ・ムーアン・カン
タイ料理と日本料理は同じくらいおいしい。

単語 ต้มยำกุ้ง [tôm yam kûŋ トムヤムクン] トムヤムクン（料理名） เท่า [thâw タォ] 等しい เท่า กับ [thâw kàp タォ・カップ] 〜と同じ แกงกะหรี่ [kɛɛŋkarìi ケーンカリー] ケーンカリー（＝タイカレー、แกง [kɛɛŋ ケーン] スープ） ต้มข่าไก่ [tôm khàa kày トムカーカイ] トムカーカイ（料理名） กาแฟ [kaafɛɛ カーフェー] コーヒー หวาน [wǎan ワーン] 甘い กว่า [kwàa クワー] 〜より（比較） น้ำมะพร้าว [nám maphráaw ナムマプラーオ] ココナツジュース ที่สุด [thîi sùt ティースッ] いちばん（最上級） เหมือน [mǔːan ムーアン] 〜と同様

ココナツジュースがいちばん好きです　12課

1　同等

「AはBと同じ」は A ＋形容詞＋ **เท่า กับ** [thâw kàp タォ・カップ] ＋ B と言います。

เดือนนี้ ญี่ปุ่น ร้อน เท่า กับ เมืองไทย
dɯːan níi yîipùn rɔ́ɔn thâw kàp mɯːan thay
ドゥーアンニー・イープン・ローン・タォ・カップ・ムーアンタイ
今月、日本はタイと同じくらい暑いです。

「AはBほど〜でない」は A ＋ **ไม่** [mây マイ]＋形容詞＋ **เท่า กับ** [thâw kàp タォ・カップ]＋ B です。

เดือนหน้า ญี่ปุ่น อาจจะ ไม่ ร้อน เท่า กับ ไทย
dɯːan nâa yîipùn àat cà mây rɔ́ɔn thâw kàp thay
ドゥーアンナー・イープン・アーチャ・マイ・ローン・タォ・カップ・タイ
来月、日本はたぶんタイほど暑くないでしょう。

「AとBは同じくらい〜」は A **กับ** [kàp カップ] B ＋形容詞＋ **เท่า กัน** [thâw kan タォ・カン] です。

เดือนนี้ ไทย กับ ญี่ปุ่น ร้อน เท่า กัน
dɯːan níi thay kàp yîipùn rɔ́ɔn thâw kan ドゥーアンニー・タイ・カップ・イープン・ローン・タォ・カン
今月、タイと日本は同じくらい暑いです。

■ **เท่า** [thâw タォ]の代わりに **เหมือน** [mɯ̌ːan ムーアン]を使い「同様に」を強調します。

ภาษา ไทย กับ ภาษา ญี่ปุ่น ยาก เหมือน กัน
phaasǎa thay kàp phaasǎa yîipùn yâak mɯ̌ːan kan
パーサー・タイ・カップ・パーサー・イープン・ヤーク・ムーアン・カン
タイ語と日本語は同じくらい難しい。

　　　　　　　▶ 一致感を強調　　　　▶ 似ていることを強調

■ 1の **เท่า** [thâw タォ]の部分には、**เหมือน** [mɯ̌ːan ムーアン]が使えます（ニュアンスがちがうだけです）。

単語　**ยาก** [yâak ヤーク] 難しい

67

12課　ココナツジュースがいちばん好きです

2　比較

กว่า[kwàa クワー]のあとの名詞は状況がわかっていれば省略可

「AはBより〜だ」は A + 形容詞 + กว่า[kwàa クワー] + B で表します。

อาหารไทย เผ็ด กว่า อาหาร ลาว　　タイ料理はラオス料理より辛い。
aahăan thay phèt kwàa aahăan laaw　アーハーン・タイ・ペット・クワー・アーハーン・ラーオ

3　最上級

「Aはいちばん〜だ」は A + 形容詞 + ที่สุด[thîi sùt ティースット] で表します。

ร้าน นี้ ต้มยำกุ้ง เผ็ด ที่สุด　　この店は、トムヤムクンがいちばん辛い。
ráan níi tôm yam kûŋ phèt thîi sùt
ラーン・ニー・トムヤムクン・ペット・ティースット

会話では「とても（辛い）」という意味でも使う

4　形容詞文のいろいろな表現

① ไม่ ค่อย[mây khɔ̂y マィ・コィ] あまり〜でない

ต้มข่าไก่ นี้ ไม่ ค่อย เปรี้ยว　　このトムカーガイはあまり酸っぱくない。
tôm khàa kày níi mây khɔ̂y prî:aw　トムカーガイ・ニー・マィ・コィ・プリーァォ

② (เกิน) ไป [(kəən) pay（クーン・）パイ] 〜すぎる

ไก่ย่าง นี้ เค็ม (เกิน) ไป　　このカイヤーンは塩辛すぎる。
kày yâaŋ níi khem (kəən) pay　カイヤーン・ニー・ケム（・クーン）・パイ

③ ไม่[mây マィ] 〜 เลย[ləəy ルーィ] 全然〜でない

น้ำมะพร้าว นี้ ไม่ หวาน เลย　　このココナツジュースは全然甘くない。
nám maphráaw níi mây wăan ləəy　ナムマプラーォ・ニー・マィ・ワーン・ルーィ

④ ค่อยๆ[khɔ̂y khɔ̂y コィ・コィ] 少しずつ〜

ญี่ปุ่น ค่อยๆ หนาว　　日本は少しずつ寒くなってきた。
yîipùn khɔ̂y khɔ̂y năaw　イープン・コィ・コィ・ナーォ

単語 เปรี้ยว[prî:aw プリーァォ]酸っぱい　ไก่ย่าง[kày yâaŋ カィヤーン]カイヤーン（タイ式焼き鳥）　เค็ม[khem ケム]塩辛い　หนาว[năaw ナーォ]寒い

ココナツジュースがいちばん好きです　12課

練習問題 12

1　単語練習：次の日本語をタイ語にして、発音してみましょう。
①等しい　②〜と同様　③〜より（比較）　④いちばん（最上級）　⑤難しい
⑥酸っぱい　⑦塩辛い　⑧甘い　⑨寒い　⑩少しずつ　⑪コーヒー
⑫トムヤムクン

2　次のタイ語を和訳してください。

① ภาษา ไทย ยาก กว่า ภาษา ญี่ปุ่น
phaasǎa thay yâak kwàa phaasǎa yîipùn　パーサー・タイ・ヤーク・クワー・パーサー・イープン

② ตอนนี้ ไทย กับ ญี่ปุ่น ร้อน เหมือน กัน
tɔɔn níi thay kàp yîipùn rɔ́ɔn mǔ:an kan
トーンニー・タイ・カップ・イープン・ローン・ムーアン・カン

③ ดิฉัน ชอบ ต้มยำกุ้ง ที่สุด
dichán chɔ̂ɔp tôm yam kûŋ thîi sùt　ディチャン・チョープ・トムヤムクン・ティースット

解答はP151

文法のポイント

ふたつの主語

　8課でふたつの主語が置けることを学びました。ふたつの主語のなかで、いちばん話題にしたい主語（主部）を文頭に置きます。もちろん、もっとも言いたいことは（文頭の主語（主部）に対する）述部の説明で強調します。

①「この店」が主語1の場合

ร้าน ดิฉัน　　คาปูชิโน่　　อร่อย ที่สุด
ráan dichán　khaapuuchinôo　arɔ̀y thîi sùt
ラーン・ディチャン　カープーチノー・　アロイ・ティースット
　主語1　　　　主語2　　　　（主語2の）述語
　主部　　　　　　　　述部

私の店よ、カプチーノがいちばんおいしいのは。

②「カフェラテ」が主語1の場合

กาแฟลาเต้　　ร้าน ดิฉัน　อร่อย กว่า
kaafɛɛ laatêe　ráan dichán　arɔ̀y kwàa
カフェーラーテー　ラーン・ディチャン・アロイ・クワー
　主語1　　　　主語2　　　（主語2の）述語
　主部　　　　　　　　述部

注）②は主語2が主語1を修飾し「私の店のカフェラテ」とも読めるので「カフェラテ」を主部にするには、「カフェラテ」のあとに一呼吸入れる。「ひと呼吸（ブレス）」は主部と述部を明確にする役目もある（☞25課）

カフェラテはね、私の店の方がおいしいのよ。

単語　คาปูชิโน่ [khaapuuchinôo カープーチノー] カプチーノ　　ลาเต้ [laatêe ラーテー]（カフェ）ラテ

69

13 課 どのようにコンケンに行きますか？（状態・方法）

13課のポイント　🔊78
　この課では状態、方法、程度をたずねる表現と手段・方法などを表す前置詞を学びましょう。

พัก ที่ เมืองไทย เป็น อย่างไร บ้าง　タイでの滞在はいかがですか？
phák thîi mɯːaŋ thay pen yàaŋray bâaŋ
パック・ティー・ムーアンタイ・ペン・ヤーンライ・バーン

ー ร้อน มาก แต่ อยู่ กับ คนไทย สนุก
　rɔ́ɔn mâak tɛ̀ɛ yùu kàp khon thay sanùk
　ローン・マーク・テー・ユー・カップ・コンタイ・サヌック
　とても暑いけどタイ人といると楽しいです。

นอกจาก นั้น สนใจ เกี่ยวกับ ภาค อีสาน
nɔ̂ɔk càak nán sǒncay kìːaw kàp phâak iisǎan
ノークチャーク・ナン・ソンチャイ・キーアオ・カップ・パーク・イーサーン
それ以外に東北地方に関し興味があります。

คุณ จะ ไป ขอนแก่น อย่างไร　コンケンへはどのように行きますか？
khun cà pay khɔ̌ɔnkɛ̀n yàaŋray
クン・チャ・パイ・コーンケン・ヤーンライ

ー นั่ง เครื่องบิน ไป จะ สบาย ที่สุด
　nâŋ khrɯ̂ːaŋ bin pay cà sabaay thîi sùt
　ナン・クルーアンビン・パイ・チャ・サバーイ・テースット
　飛行機で行くのがいちばん楽です。

[単語] อย่างไร [yàaŋray ヤーンライ] どのように　　นอกจาก [nɔ̂ɔk càak ノークチャーク] 〜以外に　สนใจ [sǒncay ソンチャイ] 興味がある　เกี่ยวกับ [kìːaw kàp キーアオカップ] 〜に関して　ภาค [phâak パーク] 地方　อีสาน [iisǎan イーサーン] 東北　ขอนแก่น [khɔ̌ɔnkɛ̀n コーンケン] コンケン（地名）　เครื่องบิน [khrɯ̂ːaŋ bin クルーアンビン] 飛行機

70

どのようにコンケンに行きますか？ 13課

1 状態をたずねる

「どうですか」と状態をたずねる場合、เป็น อย่างไร [pen yàaŋray ペン・ヤーンライ] で表します。

เดี๋ยวนี้ อากาศ ภูเก็ต เป็น อย่างไร
dĭaw níi aakàat phuukèt pen yàaŋray
ディーアォニー・アーカート・プーケート・ペン・ヤーンライ
いま（この時期）、プーケットの天候はいかがですか？

– ฝน ตก ทุกวัน　　毎日雨が降ります。
fŏn tòk thúk wan　フォン・トック・トゥックワン

※会話では「いますぐ」という意味でよく使う

[単語] เดี๋ยวนี้ [dĭaw níi ディーアォニー] いま（の時期）　　อากาศ [aakàat アーカート] 天気、気候
ฝน [fŏn フォン] 雨　　ตก [tòk トック] 降る、落ちる

2 方法をたずねる

「どのように~しますか」と方法をたずねる場合、動詞~ อย่างไร [yàaŋray ヤーンライ] です。

จะ ไป ลาว อย่างไร บ้าง　　ラオスへはどのように行きますか？
cà pay laaw yàaŋray bâaŋ　チャ・パイ・ラーォ・ヤーンライ・バーン

– นั่ง เครื่องบิน หรือ รถทัวร์ ไป　飛行機かツアーバスに乗って行きます。
nâŋ khrŭːaŋ bin rŭɯ rót thuːa pay　ナン・クルーアンビン・ルー・ロットトゥーア・パイ

[単語] รถทัวร์ [rót thuːa ロットトゥーア] ツアーバス　　→ 英語の「ツアー」

3 程度をたずねる

「どのくらい~ですか」と形容詞の程度をたずねる場合、形容詞 + แค่ไหน [khɛ̂ɛ nǎy ケーナイ] です。

ไป เชียงใหม่ ไกล แค่ไหน　　チェンマイまでどのくらい（遠い）ですか？
pay chiːaŋmày klay khɛ̂ɛ nǎy　パイ・チーアンマイ・クライ・ケーナイ

– ประมาณ 800 กิโลเมตร　　約800キロメートルです。
pramaan pɛ̀ɛt rɔ́ɔy kiloo mét　プラマーン・ペート・ローイ・キローメット

ร้อน แค่ไหน　　どのくらい暑いですか？
rɔ́ɔn khɛ̂ɛ nǎy　ローン・ケーナイ

– ร้อน เหมือน เมืองไทย　　タイのように暑いです。
rɔ́ɔn mɯ̌ːan mɯːaŋ thay　ローン・ムーアン・ムーアンタイ

※カタカナ表記は同じでも発音が違う（カタカナ表記の限界）

[単語] ไกล [klay クライ] 遠い　　กิโลเมตร [kiloo mét キローメット] キロメートル

13課　どのようにコンケンに行きますか？

4　前置詞
①方法

|โดย[dooy ドーイ]| + 名詞 で「～（によって、～を使って）」のように方法を表します。（長文に接続詞としてよく出てくる）

ไป บริษัท โดย รถเมล์ ทุกวัน　　毎日バスを使って会社に行きます。
pay bɔɔrisàt dooy rótmee thúk wan　パイ・ボーリサット・ドーイ・ロットメー・トゥックワン

■目的地を言わない簡単な文では |ไป[pay パイ]| + 乗り物 で「（乗り物で）行く」が表現できます。

ไป ตุ๊กตุ๊ก ไหม　　トゥクトゥクで行きますか（トゥクトゥクはいかがですか）？
pay túktúk mǎy　パイ・トゥックトゥック・マイ

②手段

|ด้วย[dûːay ドゥーアイ]| + 名詞 は「～によって」（手段）を表します。

คนไทย กิน ข้าว ด้วย ช้อน กับ ส้อม
khon thay kin khâaw dûːay chɔ́ɔn kàp sɔ̂m
コンタイ・キン・カーオ・ドゥーアイ・チョーン・カップ・ソム
タイ人はスプーンとフォークで食事をします。

③（その他）

■～に関して เกี่ยวกับ[kìːaw kàp キーアオカップ]

ที่นี่ ก็ มี ปัญหา เกี่ยวกับ สิ่งแวดล้อม
thîi nîi kɔ̂ɔ mii panhǎa kìːaw kàp sìŋwɛ̂ɛtlɔ́ɔm
ティーニー・コー・ミー・パンハー・キーアオカップ・シンウェートローム
ここでも環境に関する問題があります。

■～以外に นอกจาก[nɔ̂ɔk càak ノークチャーク]　　「～以外に～も」という表現として覚えましょう

นอกจาก ภาษา ไทย แล้ว ยัง สนใจ ภาษา จีน อีก
nɔ̂ɔk càak phaasǎa thay lɛ́ɛw yaŋ sǒncay phaasǎa ciin ìik
ノークチャーク・パーサー・タイ・レーオ・ヤン・ソンチャイ・パーサー・チーン・イーク
タイ語以外に中国語にも興味があります。

[単語] ตุ๊กตุ๊ก[túktúk トゥックトゥック]トゥクトゥク（3輪タクシー）　ช้อน[chɔ́ɔn チョーン]スプーン　ส้อม[sɔ̂m ソム]フォーク　ปัญหา[panhǎa パンハー]問題　สิ่งแวดล้อม[sìŋwɛ̂ɛtlɔ́ɔm シンウェートローム]環境

どのようにコンケンに行きますか？　13課

練習問題 13

1 単語練習：次の日本語をタイ語にして、発音してみましょう。
①どのように（～しますか）　②飛行機　③遠い　④問題　⑤どのくらい～
⑥天気、気候　⑦スプーン　⑧フォーク　⑨いま（の時期）　⑩～で（方法）
⑪～に関して　⑫環境　⑬雨が降る

2 次のタイ語を和訳してください。

① จะ ไป กัมพูชา อย่างไร
cà pay kamphuuchaa yàaŋray チャ・パイ・カンプーチャー・ヤーンライ

② นอกจาก เมืองไทย แล้ว ยัง สนใจ พม่า อีก
nɔ̂ɔk càak mɯːaŋ thay lɛ́ɛw yaŋ sŏncay phamâa ìik
ノークチャーク・ムーアンタイ・レーオ・ヤン・ソンチャイ・パマー・イーク

③ นั่ง ตุ๊กตุ๊ก มา จะ สบาย ที่สุด
nâŋ túktúk maa cà sabaay thîi sùt ナン・トゥクトゥク・マー・チャ・サバーイ・ティースット

解答はP151

文法のポイント

文の2重構造

　タイ語の主述関係は、文＋句や句＋句だけでなく、ふたつの文が主部と述部を形成し、ひとつの文になることもあります。最初の文が主部、次の文が述部になります。

นั่ง	เครื่องบิน	ไป		อาจจะ	สบาย	ที่สุด
nâŋ	khrûːaŋ bin	pay		àat cà	sabaay	thîi sùt
ナン	クルーアンビン	パイ	＋	アーチャ	サバーイ	ティースット
乗る	飛行機	行く		たぶん	楽だ	いちばん
A　飛行機に乗って行きます				B　たぶんいちばん楽です		
主部				述部		

この2重構造がタイ語の特色です

飛行機に乗って行くのが、たぶんいちばん楽です。

参考　上文は、まえがき（私見）で述べた大文法・小文法の一例です。主部と述部がそれぞれ小文法でできた文、上記二重構造がここでは大文法（新たな文を作る働き）になっています。

73

14 課

どうしてタイが好きなのですか？
(理由・目的)

14課のポイント

　この課では理由や目的を表す文の応答について学びます。目的を表す表現は2通りあるので、しっかり使い分けられるようにしましょう。

ทำไม คุณ ชอบ เมืองไทย
thammay khun chɔ̂ɔp mɯːaŋ thay
タンマイ・クン・チョープ・ムーアンタイ

どうしてタイが好きなのですか？

－เพราะ ว่า คนไทย ใจดี มาก
　phrɔ́ wâa khon thay cay dii mâak
　プロ・ワー・コンタイ・チャイディー・マーク

タイ人がとても親切だからです。

ผม กลับ บ้าน เพื่อ ดูแล พ่อ แม่
phǒm klàp bâan phɯ̂ːa duulɛɛ phɔ̂ɔ mɛ̂ɛ
ポム・クラップ・バーン・プーア・ドゥーレー・ポー・メー
両親の世話をするために家に帰ります。

ดิฉัน อยากได้ รองเท้า สำหรับ ตัวเอง
dichán yàak dây rɔɔŋtháaw sǎmràp tuːa eeŋ
ディチャン・ヤークダイ・ローンタオ・サムラップ・トゥーアエーン

自分用の靴がほしい。

เขา ไม่ สบาย ก็ เลย ไม่ กิน ข้าว
kháw mây sabaay kɔ̂ɔ ləəy mây kin khâaw
カオ・マイ・サバーイ・コー・ルーイ・マイ・キン・カーォ
彼は調子が悪いので食事をしません。

単語 ทำไม [thammay タンマイ] どうして、なぜ　เพราะ ว่า [phrɔ́ wâa プロ・ワー] なぜなら　ใจดี [cay dii チャイディー] 親切な　เพื่อ [phɯ̂ːa プーア] 〜のために（目的）　ดูแล [duulɛɛ ドゥーレー] 面倒を見る、監視する　อยากได้ [yàak dây ヤークダイ] 〜が欲しい　รองเท้า [rɔɔŋtháaw ローンタオ] 靴　สำหรับ [sǎmràp サムラップ] (特定の対象)のために、〜用　ตัวเอง [tuːa eeŋ トゥーアエーン] 自分自身　ก็ เลย [kɔ̂ɔ ləəy コー・ルーイ] だから

どうしてタイが好きなのですか？　14課

1　理由

「どうして？」「なぜですか？」と理由を問う場合、**ทำไม**[thammay タンマイ]を文頭に置きます。返答は、**เพราะ(ว่า)**[phrɔ́ (wâa) プロ（・ワー）]「なぜなら～」を使います。

ทำไม คุณ ชอบ ไป เที่ยว เมืองไทย
thammay khun chɔ̂ɔp pay thîaw mɯːaŋ thay
タンマイ・クン・チョープ・パイ・ティーアオ・ムーアンタイ
どうしてタイによく遊びに行くのですか？

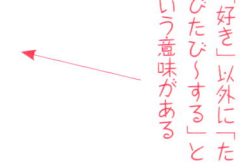

「好き」以外に「たびたび～する」という意味がある

－เพราะ ว่า ดิฉัน มี แฟน อยู่ เมืองไทย
phrɔ́ wâa dichán mii fɛɛn yùu mɯːaŋ thay
プロ・ワー・ディチャン・ミー・フェーン・ユー・ムーアンタイ

タイに恋人がいるからです。

■ **ทำไม**[thammay タンマイ]を文末に置いて述部にすると意外性が強調されます。

มา ทำไม　どうして来たの？（読み方≒来た（来る）のはなぜ？）
maa thammay マー・タンマイ
主部　　述部

「来なくてもいいのに」「来ないでほしいと言ったのに」などのニュアンスになる

理由を述べる場合、主語＋ **ก็ เลย**[kɔ̂ɔ ləəy コー・ルーイ]＋動詞・形容詞 もよく使います。やや硬い言い方に 主語＋ **จึง**[cɯŋ チュン]＋動詞・形容詞 があります。

ก็[kɔ̂ɔ コー]は省略できます

ตอนนี้ ฝน ตก ก็ เลย อยู่ บ้าน ดี กว่า
tɔɔn níi fǒn tòk kɔ̂ɔ ləəy yùu bâan dii kwàa
トーンニー・フォン・トック・コー・ルーイ・ユー・バーン・ディー・クワー
今、雨が降っているので家にいた方がいい。

[単語] **ดี กว่า**[dii kwàa ディー・クワー]～した方がいい（会話では「～しましょう」と行動を促すときによく使う）

2　目的

①一般的な目的「～するために、～のために」を表す場合、**เพื่อ**[phɯ̂ːa プーア]に文や語句を続けます。

วันนี้ รีบ กลับ บ้าน เพื่อ ทำ อะไร
wannii rîip klàp bâan phɯ̂ːa tham aray　ワンニー・リープ・クラップ・バーン・プーア・タム・アライ
今日は何をするために、急いで帰宅するのですか？

－กลับ บ้าน เพื่อ ช่วย พ่อ แม่ ทำงาน
klàp bâan phɯ̂ːa chûːay phɔ̂ɔ mɛ̂ɛ tham ŋaan
クラップ・バーン・プーア・チューアイ・ポー・メー・タムガーン

両親の仕事を手伝うため家に帰ります。

14課　どうしてタイが好きなのですか？

จะ ไป อยุธยา เพื่อ สำรวจ น้ำท่วม
cà pay ayútthayaa phûːa sămrùːat nám thûːam
チャ・パイ・アユッタヤー・プーア・サムルーアット・ナムトゥーアム
洪水の調査のためアユタヤへ行きます。

②特定の対象のために「〜のために / 〜のための」と言う場合、**สำหรับ** [sămràp サムラップ]を使います。

จะ ทำ ข้าวต้ม สำหรับ ลูกสาว
cà tham khâaw tôm sămràp lûuk săaw　チャ・タム・カーオトム・サムラップ・ルークサーオ
娘のためにおかゆを作ります。

นี่ รองเท้า สำหรับ ผู้หญิง
nîi rɔɔŋtháw sămràp phûuyĭŋ　ニー・ローンターオ・サムラップ・プーイン
これは婦人用の靴です。

[単語] รีบ [rîip リープ] 急ぐ　　ช่วย [chûːay チューアイ] 手伝う　　สำรวจ [sămrùːat サムルーアット] 調査する　　น้ำท่วม [nám thûːam ナムトゥーアム] 洪水　　ข้าวต้ม [khâaw tôm カーオトム] おかゆ　　ผู้หญิง [phûuyĭŋ プーイン] 女性、婦人

3 「欲しい」と「必要」

「〜が欲しい（〜が得たい）」と言う場合、**อยากได้** [yàak dâːy ヤークダイ]に名詞を続けます。

อยาก ได้ กระเป๋า สำหรับ ผู้ชาย
yàak dâːy krapăw sămràp phûu chaay　ヤークダイ・クラパオ・サムラップ・プーチャーイ
男性用のカバンが欲しい。
あれば欲しい程度

「〜が必要」「〜することが必要」と必要性を強調する場合 **ต้องการ** [tɔ̂ŋkaan トンカーン]に名詞や動詞を続けます。

พวก เรา ต้องการ มือถือ กับ แผนที่ ใหม่
phûːak raw tɔ̂ŋkaan mɯɯ thɯ̌ɯ kàp phĕɛnthîi mày
プーアック・ラオ・トンカーン・ムートゥー・カップ・ペーンティー・マイ
私たちは携帯電話と新しい地図が必要です。

[単語] กระเป๋า [krapăw クラパオ] カバン　　ผู้ชาย [phûu chaay プーチャーイ] 男性　　มือถือ [mɯɯ thɯ̌ɯ ムートゥー] 携帯電話　　แผนที่ [phĕɛnthîi ペーンティー] 地図　　ใหม่ [mày マイ] 新しい、再び

練習問題 14

1 単語練習：次の日本語をタイ語にして、発音してみましょう。
①どうして（なぜ） ②なぜなら～ ③～のため（目的） ④（特定対象の）ために
⑤～が必要 ⑥～が欲しい ⑦急ぐ ⑧手伝う ⑨地図 ⑩おかゆ
⑪面倒をみる ⑫～した方がいい ⑬カバン

2 次のタイ語を和訳してください。

① ทำไม คุณ ชอบ อาหารไทย
thammay khun chɔ̂ɔp aahǎan thay タンマイ・クン・チョープ・アーハーン・タイ

② เขา ไม่ สบาย ก็ เลย ไม่ กิน ข้าว
kháw mây sabaay kɔ̂ɔ ləəy mây kin khâaw カォ・マイ・サバーィ・コー・ルーィ・マイ・キン・カーォ

③ สำนักงาน นี้ ต้องการ ห้องน้ำ สำหรับ พนักงาน
sǎmnákŋaan níi tɔ̂ŋkaan hɔ̂ŋnáam sǎmràp phanákŋaan
サムナックガーン・ニー・トンカーン・ホンナーム・サムラップ・パナックガーン

解答は P152

文法のポイント

いろいろな主部・述部に注目しながら、文全体の流れを把握しましょう。

ผม กลับ บ้าน	เพื่อ ดูแล พ่อ แม่	私が家に帰るのは、両親の世話をするためです。
phǒm klàp bâan	phɯ̂ːa duulɛɛ phɔ̂ɔ mɛ̂ɛ	
ポム・クラップ・バーン	プーア・ドゥーレー・ポー・メー	
私　帰る　家	目的　世話する　父母	
私は家に帰る	目的は両親の世話をすること	
主部	述部	

อยากได้ รองเท้า	สำหรับ ตัวเอง	靴が欲しいのは、自分のため（のもの）です。
yàak dây rɔɔŋtháw	sǎmràp tuːa eeŋ	
ヤーク・ダイ・ローンタォ	サムラップ・トゥーアエーン	
欲しい　　　靴	～のため　自分自身	
靴が欲しい	自分自身のためです	
主部	述部	

เพราะ ว่า*	คนไทย ใจ ดี มาก	理由（を言えばそれ）は、タイ人がとても親切だからです。
phrɔ́ wâa*	khon thay cay dii mâak	
プロ・ワー	コンタイ・チャイディー・マーク	
理由　　言う	タイ人　親切です　とても	
理由を言えば	タイ人はとても親切です	
主部	述部	

*「言う」という意味がある

15 課
明日はたぶん元気になっているでしょう（助動詞）

15課のポイント 🔊88
　この課では、助動詞を学びます。前後に付く単語（未確定を表す จะ [cà チャ]や否定 ไม่ [mây マィ]）の位置が助動詞によって異なる点に注意しましょう。

คุณ ต้อง กิน ยา ทุกวัน
khun tɔ̂ŋ kin yaa thúk wan
クン・トン・キン・ヤー・トゥックワン
あなたは、毎日薬を飲まねばなりません。
→「食べる」以外に「飲む、服用する」という意味がある

คืนนี้ อยาก จะ ไป หา หมอ
khwwn níi yàak cà pay hǎa mɔ̌ɔ
クーンニー・ヤーク・チャ・パイ・ハー・モー
今夜、医者に行きたい。
→「医者を訪ねる」が直訳

คุณ ควร จะ พักผ่อน และ นอน มาก ๆ
khun khu:an cà phák phɔ̀ɔn lɛ́ nɔɔn mâak mâak
クン・クーアン・チャ・パックポーン・レ・ノーン・マーク・マーク
休んでゆっくり寝るべきです。

พรุ่งนี้ อาจจะ สบาย ขึ้น
phrûŋ níi àat cà sabaay khûn
プルンニー・アーチャ・サバーイ・クン
明日はたぶん元気に（＝楽に）なっているでしょう。

วันนี้ คง จะ ไม่ มี ธุระ อะไร
wan níi khoŋ cà mây mii thúrá aray
ワンニー・コン・チャ・マイ・ミー・トゥラ・アライ
今日はきっと何も用事がないでしょう。

[単語] ต้อง [tɔ̂ŋ トン]〜しなければならない　ทุกวัน [thúk wan トゥックワン]毎日（ทุก [thúk トゥック]すべての）　คืนนี้ [khwwn níi クーンニー]今夜　อยาก [yàak ヤーク]〜したい　หา [hǎa ハー]訪ねる、探す　หมอ [mɔ̌ɔ モー]医師　ควร [khu:an クーアン]〜すべき　พักผ่อน [phák phɔ̀ɔn パックポーン]休む、休憩する　นอน [nɔɔn ノーン]寝る　อาจจะ [àat ca アーチャ]たぶん　คง [khoŋ コン]きっと　ธุระ [thúrá トゥラ]用事、仕事

明日はたぶん元気になっているでしょう　15課

1　～しなければならない

「～しなければならない」は ต้อง [tɔ̂ŋ トン] ＋動詞 です。否定文の ไม่ ต้อง [mây tɔ̂ŋ マィ・トン] ～（ก็ได้ [kɔ̂ɔ dây コー・ダィ]）は「～する必要がない」という意味になります。

ต้อง ไป โรงเรียน ทุกวัน　毎日、学校へ行かなければなりません。
tɔ̂ŋ pay rooŋri:an thúk wan　トン・パィ・ローンリーアン・トゥックワン

จะ ต้อง ไป ทำงาน วันอาทิตย์ นี้
cà tɔ̂ŋ pay tham ŋaan wan aathít níi　チャ・トン・パィ・タムガーン・ワンアーティット・ニー
今週の日曜日、仕事をしに行かねばなりません。

> 曜日＋ นี้ [níi ニー]で「今週の～曜日」を表す

> 「～する必要がなく、それでもかまわない」という意味
> 会話で ก็ [kɔ̂ɔ コー] は「コ」「カ」と短く発音することが多い

ไม่ ต้อง กิน ยา ทุกวัน ก็ ได้　毎日薬を飲む必要はありません。
mây tɔ̂ŋ kin yaa thúk wan kɔ̂ɔ dây　マィ・トン・キン・ヤー・トゥックワン・コー・ダィ

ไม่ ต้อง ห่วง　心配しないで。／ ไม่ ต้อง เกรงใจ　遠慮しないで。
mây tɔ̂ŋ hù:aŋ　マィ・トン・フーアン　　mây tɔ̂ŋ kreŋcay　マィ・トン・クレンチャィ

単語 ห่วง [hù:aŋ フーアン] 心配する　　เกรงใจ [kreŋcay クレンチャィ] 遠慮する

2　～したい

「～したい」は อยาก [yàak ヤーク] ＋動詞 です。

อยาก จะ อาบ น้ำ　水浴びをしたい（シャワーを浴びたい）。
yàak cà àap náam　ヤーク・チャ・アープ・ナーム

ไม่ อยาก จะ ทำ อะไร　何もしたくありません。
mây yàak cà tham aray　マィ・ヤーク・チャ・タム・アラィ

単語 อาบ น้ำ [àap náam アープ・ナーム] 水浴びをする（อาบ [àap アープ] 浴びる）

3　～すべき

「～すべき」「～した方がいい」は ควร [khu:an クーアン] ＋動詞 です。

ควร จะ พักผ่อน ที่ บ้าน　家で休むべきです（＝家で休んだ方がいい）。
khu:an cà phák phɔ̀ɔn thîi bâan　クーアン・チャ・パックポーン・ティー・バーン

เขา ไม่ สบาย ไม่ ควร จะ ไป ไหน
kháw mây sabaay, mây khu:an cà pay nǎy　カォ・マィ・サバーィ、マィ・クーアン・チャ・パィ・ナィ
彼は体調不良です、どこにも行かない方がいいでしょう。

15課　明日はたぶん元気になっているでしょう

4　たぶん～

「たぶん～」は อาจจะ [àat cà アーチャ] ＋動詞・形容詞　です。

พรุ่งนี้ เพื่อน อาจจะ มา หา ผม
phrûŋ níi phûːan àat cà maa hăa phŏm　プルンニー・プーァン・アーチャ・マー・ハー・ポム
明日、友人は、たぶん私を訪ねて来るでしょう。

「明日」と「友達」が主語（主語はふたつ置ける）

วันนี้ อาจจะ ไม่ มา หา ผม
wan níi àat cà mây maa hăa phŏm　ワンニー・アーチャ・マイ・マー・ハー・ポム
今日はたぶん私を訪ねて来ないでしょう。

ここでは「今日」だけが主語。

5　きっと～

「きっと～」は คง [khoŋ コン] ＋動詞・形容詞　です。

วันนี้ ฝน คง จะ ตก
wan níi fŏn khoŋ cà tòk　ワンニー・フォン・コン・チャ・トック
今日は、きっと雨が降るでしょう。

พรุ่งนี้ ฝน คง จะ ไม่ ตก
phrûŋ níi fŏn khoŋ cà mây tòk　プルンニー・フォン・コン・チャ・マイ・トック
明日は、きっと雨が降らないでしょう。

6　より～になる

形容詞の後に ขึ้น [khûn クン] を付け、以前より程度が強くなったことを表します。なお、形容詞の程度が弱くなる場合 ลง [loŋ ロン] を付けます。

この場合の形容詞は「少ない」「遅い」「やせる」などどちらかといえばマイナスイメージの語に多い

ดี ขึ้น　より良くなる。
dii khûn　ディー・クン

สวย ขึ้น　より美しくなる。
sǔːay khûn　スーァイ・クン

น้อย ลง　減少する。
nɔ́ːy loŋ　ノーイ・ロン

単語 **น้อย** [nɔ́ːy ノーイ] 少ない

หน่อย [nɔ̀y ノイ]「少し、ちょっと」と混同しないように

明日はたぶん元気になっているでしょう　15課

練習問題 15

1 単語練習：次の日本語をタイ語にして、発音してみましょう。
①きっと〜　②たぶん〜　③〜すべき　④〜する必要がない　⑤〜したい
⑥休む、休憩する　⑦用事　⑧毎日　⑨寝る　⑩薬　⑪少ない
⑫訪ねる　⑬医師

2 次のタイ語を和訳してください

① ต้อง ไป ทำงาน ทุกวัน
tôŋ pay tham ŋaan thúk wan　トン・パイ・タムガーン・トックワン

② อาจจะ ไม่ มี ธุระ อะไร
àat cà mây mii thúrá aray　アーチャ・マイ・ミー・トゥラ・アライ

③ วันนี้ ฝน คง จะ ไม่ ตก
wan níi fǒn khoŋ cà mây tòk　ワンニー・フォン・コン・チャ・マイ・トック

解答はP152

文法のポイント

助動詞と否定の ไม่ [mây マイ]・未確定の จะ [cà チャ] との位置関係

タイプ1	①〜しなければならない ②〜にちがいない	จะ cà チャ	ไม่ mây マイ	ต้อง tôŋ トン		
タイプ2	〜したい		ไม่ mây マイ	อยาก yàak ヤーク	จะ cà チャ	+動詞 （または） 形容詞
	〜すべき		ไม่ mây マイ	ควร khu:an クーアン	จะ cà チャ	
タイプ3	たぶん〜			อาจ àat アート	จะ cà チャ	ไม่ mây マイ
	きっと〜			คง khoŋ コン	จะ cà チャ	ไม่ mây マイ

■助動詞に จะ [cà チャ] がよく付くのは「〜したい」「たぶん〜」「きっと〜」などが未確定な表現だからです。

参考　คง ต้อง [khoŋ tôŋ コン・トン] 〜「きっと〜にちがいない」のように助動詞を連続して使うこともあります。

ต้องไม่ [tôŋ mây トン・マイ] 〜 と否定の ไม่ [mây マイ] を後ろにおくと禁止「〜してはならない」を表します。

病気の症状

92
เป็นหวัด [pen wàt ペン・ワット] 風邪をひく
มีไข้ [mii khây ミー・カイ] 熱がある
เจ็บคอ [cèp khɔɔ チェップ・コー] 喉が痛い
ปวดหัว [pùːat hǔːa プーアット・フーア] 頭が痛い
ไอ [ay アイ] 咳がでる
น้ำมูก [nám mûuk ナンムーク] 鼻水
มีเสมหะ [mii sěemhà ミー・セームハ] 痰が出る
อาเจียน [aaciːan アーチーアン] 吐気がする
เมาค้าง [maw kháaŋ マォカーン] 二日酔い
ปวดท้อง [pùːat thɔ́ɔŋ プーアット・トーン] おなかが痛い
ท้องเสีย [thɔ́ɔŋ sǐːa トーン・シーア] おなかをこわす
เจ็บฟัน [cèp fan チェップ・ファン] 歯が痛い
คัน [khan カン] かゆい
บวม [buːam ブーアム] 腫れる（化膿する）

❖ เจ็บ [cèp チェップ] は局部的に痛む場合、ปวด [pùːat プーアット] は広範囲に苦しい場合に使います。

93 薬局（服薬の表現）

1日3回	วัน ละ 3 ครั้ง [wan lá sǎam khráŋ ワン・ラ・サーム・クラン]
1回2錠	ครั้ง ละ 2 เม็ด [khráŋ lá sɔ̌ɔŋ mét クラン・ラ・ソーン・メット]
食後	หลัง อาหาร [lǎŋ aahǎan ラン・アーハーン]
食前	ก่อน อาหาร [kɔ̀ɔn aahǎan コーン・アーハーン]
食間	ระหว่าง อาหาร [rawàaŋ aahǎan ラワーン・アーハーン]
就寝前	ก่อน นอน [kɔ̀ɔn nɔɔn コーン・ノーン]
朝夕	เช้าเย็น [cháaw yen チャーオ・イエン]
6時間おき	ทุก 6 ชั่วโมง [thúk hòk chûːamooŋ トゥック・ホック・チューアモーン]

病院や薬局では「痛む」箇所を指差し、あとは医師に任せましょう。

82

病気の症状／季節と方向

เจ็บ ตรงนี้　　　　　　　　　ここが痛みます。
cèp troŋ níi チェップ・トロンニー

ช่วย ปฐมพยาบาล ให้ หน่อย　応急手当をおねがいします。
chû:ay pathŏm phayaabaan hây nɔ̀y チューアイ・パトムパヤーバーン・ハイ・ノイ

ยา นี้ ไม่ ได้ ผล　　　　　　この薬、効きません。
yaa níi mây dây phŏn ヤー・ニー・マイ・ダイ・ポン

[単語] เม็ด [mét メット]粒、錠　　ตรงนี้ [troŋ níi トロンニー]ここ（この部分）
ปฐมพยาบาล [pathŏm phayaabaan パトムパヤーバーン]応急手当をする　　ผล [phŏn ポン]結果、効果

季節と方向

94 季節

　タイは、大半が熱帯サバナ（サバンナ）気候に属します。季節は雨季と乾季に大別され、乾季の中に暑期と寒期があります。
＊南部アンダマン海沿岸は熱帯モンスーン気候、北部の一部は温暖冬季少雨気候に属します。

雨季	ฤดู ฝน [rúduu fŏn ルドゥー・フォン]5月〜10月頃
乾季	ฤดู แล้ง [rúduu lɛ́ɛŋ ルドゥー・レーン]11月〜4月頃
寒期	ฤดู หนาว [rúduu nǎaw ルドゥー・ナーオ]12月頃
暑期	ฤดู ร้อน [rúduu rɔ́ɔn ルドゥー・ローン]4月（雨季入り直前）

　雨季は日に1〜2回の激しいスコールがありますが、降雨範囲が比較的狭く、降雨時間は1時間弱程です。雨季のピークは9月下旬から10月上旬で、場合によっては1週間ほど雨が断続的に降ることもあり、田園も池のようになります。乾季は全く降らず、12月末頃の朝夕は半袖では肌寒く感じることもあります。雨季入り前の3〜4月はタイ人も夏バテ気味になり、学校は2〜3カ月の夏休みに入ります。風は年を通じておだやかです。

95 方向

東(方)	(ทิศ) ตะวันออก [(tít) tawan ɔ̀ɔk（ティット・）タワンオーク]＝太陽が出る(方向)
西(方)	(ทิศ) ตะวันตก [(tít) tawan tòk（ティット・）タワントック]＝太陽が沈む(方向)
南(方)	(ทิศ) ใต้ [(tít) tâay（ティット・）ターイ]＝下(の方向)
北(方)	(ทิศ) เหนือ [(tít) nǔ:a（ティット・）ヌーア]＝上(の方向)

83

16課 プーケットへ行ったことがありますか？（経験・過去）

16課のポイント　🔊96

この課では助動詞「～したことがある」「～する機会を得る（得た）」、「まだ～」など経験や過去を表す文を学びましょう。

คุณ เคย ไป ภูเก็ต หรือ เปล่า คะ
khun khəəy pay phuukèt rɯ̌ɯ plàw khá
クン・クーイ・パイ・プーケット・ルー・プラォ・カ
プーケットへ行ったことがありますか？

ー เคย ไป และ อยาก จะ ไป อีก
khəəy pay lɛ́ yàak càʔ pay ìik
クーイ・パイ・レ・ヤーク・チャ・パイ・イーク
行ったことがあります、また行きたいです。

ผม ยัง ไม่ ได้ ไป พัทยา
phǒm yaŋ mây dây pay phátthayaa
ポム・ヤン・マイ・ダイ・パイ・パッタヤー
まだパタヤへ行っていません。

พรุ่งนี้ จะ ไป พัทยา ไหม
phrûŋ níi càʔ pay phátthayaa mǎy
プルンニー・チャ・パイ・パッタヤー・マイ
明日、パタヤに行きませんか？

ー ไม่ ได้ ไป เพราะ กลับ ญี่ปุ่น พรุ่งนี้
mây dây pay, phrɔ́ klàp yîipùn phrûŋ níi
マイ・ダイ・パイ、プロ・クラップ・イープン・プルンニー
行けません、明日は日本に帰るからです。

単語　เคย [khəəy クーイ] ～したことがある　　อีก [ìik イーク] また、再び　　พัทยา [phátthayaa パッタヤー] パタヤ（地名）　　กลับ [klàp クラップ] 帰る

84

プーケットへ行ったことがありますか？　16課

1　過去を表す表現

タイ語は時を表す語以外に、助動詞を借りて過去を表すことができます。

① **เคย** [khəəy クーイ]

助動詞 **เคย** [khəəy クーイ] ＋動詞 で「〜したことがある」(経験)を表します。否定文は **ไม่ เคย** [mây khəəy マイ・クーイ] ＋動詞 です。昨日、先週などの近い過去には使いません。

> 「昨日プーケットへ行ったことがありますか？」のように日本語で言えないものはタイ語でも言えないことが多い

เคย ไป ภูเก็ต หรือ เปล่า คะ　プーケットへ行ったことがありますか？
khəəy pay phuukèt rɯɯ plàaw khá　クーイ・パイ・プーケット・ルー・プラオ・カ

- **เคย ไป หลาย ครั้ง**　何度も行ったことがあります。
khəəy pay lǎay khráŋ　クーイ・パイ・ラーイ・クラン

- **เคย ไป ครั้ง เดียว**　1度だけ行きました。
khəəy pay khráŋ di:aw　クーイ・パイ・クラン・ディーアオ

- **ไม่ เคย ไป**　行ったことがありません。
mây khəəy pay　マイ・クーイ・パイ

② **ได้** [dây ダイ]

ได้ [dây ダイ] ＋動詞 で「〜しました」を表し、「〜するチャンスを得る(得た)」というニュアンスを伴います (6課4①)。1の経験文とちがい、昨日、先週などにも使えます。

> どちらで訳してもいい

ผม ได้ ไป พัทยา　私はパタヤへ行きました(行けました)。
phǒm dây pay phátthayaa　ポム・ダイ・パイ・パッタヤー

> 英語の become (〜になる) や belong (〜に属す)

ผม ได้ เป็น อาจารย์　私は先生になりました(なれました)。
phǒm dây pen aacaan　ポム・ダイ・ペン・アーチャーン

否定形は **ไม่ ได้** [mây dây マイ・ダイ] ＋動詞 です (過去を表す文によく現れます)。

ผม ไม่ ได้ ไป พัทยา　私はパタヤに行けませんでした。
phǒm mây dây pay phátthayaa　ポム・マイ・ダイ・パイ・パッタヤー

> **ได้** [dây ダイ] があると「行きたかったのに行けなくなった」と話者が機会損失を強調する

> **ได้** [dây] がない場合 **ไม่ เป็น** [mây pen] 〜は構文として不自然。2で習う **ยัง ไม่ เป็น** [yaŋ mây pen] なら言える

ผม ไม่ ได้ เป็น อาจารย์　私は先生になれませんでした。
phǒm mây dây pen aacaan　ポム・マイ・ダイ・ペン・アーチャーン

85

16課　プーケットへ行ったことがありますか？

ไม่ ได้ กิน ข้าว เพราะ งาน ยุ่ง　▶ ได้[dây]をとると「多忙なので食事をしない」と話者の意志(ここでは責任感など)が伴う
mây dây kin khâaw phrɔ́ ŋaan yûŋ　マイ・ダイ・キン・カーオ・プロ・ガーン・ユン
食事ができませんでした、なぜなら仕事が忙しかったからです。

＊機会損失を表す ไม่ได้[mây dâyマイ・ダイ]〜 は「危機をまぬがれた」「悪いことに遭わなかった」のように良い意味でも使います。

■ ได้[dây ダイ]は เคย[khəəy クーイ]の前に置きます。

ผม ไม่ ได้ เคย ไป พัทยา　　私はパタヤに行ったことがないのです。
phǒm mây dây khəəy pay pátthayaa
ポム・マイ・ダイ・クーイ・パイ・パッタヤー

■ ได้[dây ダイ]はもともと「得る」という意味の動詞です。

เขา ได้ เงิน เยอะ　彼はいっぱいお金を稼いだ(＝得た)。
kháw　dây　ŋən　yə́　カォ・ダイ・グン・ユ
彼　得る　金　いっぱい

[単語] ครั้ง[khráŋ クラン]回、度　　เดียว[di:aw ディーアォ]ひとつだけ、一度だけ　　งาน[ŋaan ガーン]仕事　　ยุ่ง[yûŋ ユン]忙しい　　เงิน[ŋən グン]お金　　เยอะ[yə́ ユ]いっぱい

2　まだ〜でない

「まだ〜でない」は ยัง ไม่[yaŋ mây ヤン・マイ]〜 で表します。

▶ ได้[dây]がないと、何らかの理由で食べないといった話者の意志が伴う

ดิฉัน ยัง ไม่ ได้ กิน ก๋วยเตี๋ยว　私はまだクィティオを食べていません。
dichán yaŋ mây dây kin kǔ:aytǐ:aw ディチャン・ヤン・マイ・ダイ・キン・クーアィティーアォ

▶ 試験に落ちたなどの理由で
ดิฉัน ยัง ไม่ ได้ เป็น อาจารย์　私はまだ先生になれません(でした)。
dichán yaŋ mây dây pen aacaan ディチャン・ヤン・マイ・ダイ・ペン・アーチャーン

ดิฉัน ยัง ไม่ เป็น อาจารย์　私はまだ先生ではありません。　まだ学生だから
dichán yaŋ mây pen aacaan ディチャン・ヤン・マイ・ペン・アーチャーン

＊ได้[dây ダイ]が付くと เป็น[pen ペン]は「〜になる」と状態の変化を強調し、ได้[dây ダイ]がないと単に状態「〜である」を表します。

[単語] ก๋วยเตี๋ยว[kǔ:aytǐ:aw クーアィティーアォ]クィティオ(タイの米麺)

プーケットへ行ったことがありますか？　16課

練習問題 16

1 単語練習：次の日本語をタイ語にして、発音してみましょう。
①〜したことがある　②仕事　③まだ　④お金　⑤忙しい　⑥得る
⑦帰る　⑧再び、また　⑨一度だけ　⑩いっぱい（たくさん）　⑪クィティオ

2 次のタイ語を和訳してください。

① ปีนี้ ยัง ไม่ ได้ ไป ไหน เพราะ งาน ยุ่ง
pii níi yaŋ mây dây pay nǎy phrɔ́ ŋaan yûŋ
ピーニー・ヤン・マイ・ダイ・パイ・ナイ・プロ・ガーン・ユン

② วันนี้ ไม่ ได้ กิน อะไร หรือ
wan níi mây dây kin aray rɯ̌ɯ　ワンニー・マイ・ダイ・キン・アライ・ルー

③ เคย เรียน ภาษา ลาว หรือ เปล่า
khəəy ri:an phaasǎa laaw rɯ̌ɯ plàw　クーイ・リーアン・パーサー・ラーオ・ルー・プラオ

解答 P152

文法のポイント

①タイ語には過去・現在・未来を表す形式がありません

　タイ人に「文 A を過去形にしてください」と言えば、「昨日」「先週」などを付けたり、本課の **เคย** [khəəy クーイ] や **ได้** [dây ダイ] を使ったり、18課の完了文を使ったりして過去を表現すると思います。ところが、文 A の **ไป** [pay パイ] そのものにはすでに「行く、行った」どちらの意味も含まれています。日本語の「バンコクに行く／行きます」の「行く」「行きます」が現在・未来どちらの意味でも使えることと同じです。

文A　เขา ไป กรุงเทพฯ　彼はバンコクに行きます。／　彼はバンコクに行きました。
　　　kháw pay kruŋthêep カォ・パイ・クルンテープ

②過去・未来の判断は発話時の状況や話者の心理状態の影響を受けやすい

　P85 で **ไม่ ได้** [mây dây マイ・ダイ] は過去を表す文によく現れると述べましたが少し補足します。

　来週友人とチェンマイへ行くことになりました。数日後「来週、何曜日に行くの？」とたずねると、返答は **ไม่ ได้ ไป** [mây dây pay マイ・ダイ・パイ]「行けなくなった」… この「行けなくなった」が過去か未来かは、発話時の状況や話者の心理状態によります。行けなくなった原因が気になれば「行けなくなった」は過去、来週行けないことを気にすれば「行けなくなった」は未来です。過去、未来どちらにもなり得ることが、文 A の **ไป** [pay パイ] などの動詞や形容詞についてもいえます。

87

17 課

手紙を書いているところです
(継続・現在進行)

17 課のポイント　🔊101

　この課では、「〜している」「〜している最中」など動作や状態の継続や進行を表す表現を学びます。

เขา ซื้อ ของ อยู่
kháw súɯ khɔ̌ɔŋ yùu
カォ・スー・コーン・ユー
彼女は買い物をしています。

ตอนนี้ ญี่ปุ่น ยัง ร้อน อยู่
tɔɔn níi yîipùn yaŋ rɔ́ɔn yùu
トーンニー・イープン・ヤン・ローン・ユー
いま日本はまだ暑いです。

เขา ยัง ทำ การบ้าน อยู่
kháw yaŋ tham kaan bâan yùu
カォ・ヤン・タム・カーンバーン・ユー
彼はまだ宿題をしています。

ดิฉัน กำลัง เขียน จดหมาย ถึง แม่
dichán kamlaŋ khǐ:an còtmǎay thɯ̌ŋ mɛ̂ɛ
ディチャン・カムラン・キーアン・チョットマーイ・トゥン・メー
私は母に手紙を書いている最中です。

ผม กำลัง จะ ทำ ความสะอาด อยู่ ห้อง
phǒm kamlaŋ cà tham khwaam sa àat yùu hɔ̂ŋ
ポム・カムラン・チャ・タム・クワームサアート・ユー・ホン
私はこれから部屋で掃除をするところです。

[単語] ซื้อ [súɯ スー] 買う　ซื้อ ของ [súɯ khɔ̌ɔŋ スー・コーン] 買い物をする　ยัง [yaŋ ヤン] まだ　ทำ [tham タム] する、作る　การบ้าน [kaan bâan カーンバーン] 宿題　กำลัง [kamlaŋ カムラン] 〜している最中　จดหมาย [còtmǎay チョットマーイ] 手紙　กำลัง จะ [kamlaŋ cà カムラン・チャ] 〜しようとするところ　ทำ ความสะอาด [tham khwaam sa àat タム・クワームサアート] 掃除する (ความสะอาด [khwaam sà aat クワームサアート] 掃除　ความ [khwaam クワーム] 事、内容　สะอาด [sa àat サアート] 清潔な)　ห้อง [hɔ̂ŋ ホン] 部屋

88

手紙を書いているところです　17課

1　動作・状態の継続

文末に **อยู่**[yùu ユー]を付けると「〜している」「〜でいる」のように動作や状態の継続を表します。

เขา กิน ข้าว อยู่　　彼は食事をしています。
kháw kin khâaw yùu　カォ・キン・カーオ・ユー

ดอก ซากุระ บาน อยู่　桜の花が咲いています。
dɔ̀ɔk saakura baan yùu　ドーク・サークラ・バーン・ユー

[単語] ดอก ซากุระ[dɔ̀ɔk saakura ドーク・サークラ]桜の花（ดอก[dɔ̀ɔk ドーク]〜の花）　บาน[baan バーン]咲く

2　動作・状態の続行（まだ〜）

ยัง[yaŋ ヤン]「まだ」を使い、**ยัง**[yaŋ ヤン]〜 **อยู่**[yùu ユー]とすれば「まだ〜している」という意味です。

เขา ยัง ทำ การบ้าน อยู่　彼はまだ宿題をしています。
kháw yaŋ tham kaan bâan yùu　カォ・ヤン・タム・カーンバーン・ユー

ญี่ปุ่น ยัง ร้อน อยู่　日本はまだ暑いです。
yîipùn yaŋ rɔ́ɔn yùu　イープン・ヤン・ローン・ユー

[単語] ร้อน[rɔ́ɔn ローン]暑い、熱い

3　進行

動作の進行、計画の進展を強調する場合、**กำลัง**[kamlaŋ カムラン]＋動詞〜で表します。否定文は **ไม่ได้**[mây dâay マイ・ダイ]＋動詞〜（**อยู่**[yùu ユー]）です。

▶ อยู่[yùu ユー]があると「まさに〜の最中」が強調される

ดิฉัน กำลัง ซัก ผ้า อยู่　私は洗濯をしているところ（最中）です。
dichán kamlaŋ sák phâa yùu　ディチャン・カムラン・サック・パー・ユー

เขา กำลัง ฟัง เพลง อยู่　彼は歌を聴いているところ（最中）です。
kháw kamlaŋ faŋ phleeŋ yùu　カォ・カムラン・ファン・プレーン・ユー

[否定文] **เขา ไม่ ได้ ฟัง เพลง (อยู่)**　彼は歌を聴いていません。
kháw mây dâay faŋ phleeŋ (yùu)　カォ・マイ・ダイ・ファン・プレーン（・ユー）

▶ 否定は ไม่ กำลัง[mây kamlaŋ マイ・カムラン]〜ではない

＊กำลัง[kamlaŋ カムラン]は話者が行為者の動作を直接目にするか、今現在「〜しているはず」と行為者の動作が視覚的にイメージできる場合に使います。否定文は今現在、該当の動作を認識しえないので กำลัง[kamlaŋ カムラン]を使わず、ไม่ได้[mây dâay マイ・ダイ]で表します。

17課　手紙を書いているところです

■状態（形容詞）の場合　　→　文末に อยู่ [yùu ユー] を付けることもある

ตอนนี้ ญี่ปุ่น กำลัง ร้อน　　今、日本は暑さの真っ最中です。
toon níi yîipùn kamlaŋ róon　トーンニー・イープン・カムラン・ローン

否定文 **ตอนนี้ ญี่ปุ่น ไม่ ร้อน**　　今、日本は暑くありません。
toon níi yîipùn mây róon　トーンニー・イープン・マイ・ローン

ไม่ได้ [mây dây マイ・ダイ] のあとには動詞を表す語が続きます。ไม่ได้ [mây dây] +形容詞 は質問次第ですが、一般に ไม่ [mây] +形容詞 で表す方が自然です。

単語 ซัก ผ้า [sák phâa サック・パー] 洗濯する（ซัก [sák サック] (衣類を) 洗う　　ผ้า [phâa パー] 布、衣類）　ฟัง [faŋ ファン] 聞く　　เพลง [phleeŋ プレーン] 歌

4　開始を表す文

กำลัง จะ [kamlaŋ cà カムラン・チャ] +動詞・形容詞 で「～しようとするところ」「～し始めている」と動作や状態の開始を表します。

ดิฉัน กำลัง จะ เก็บ ของ　　私は片づけものをしようとするところです。
dichán kamlaŋ cà kèp khɔ̌ɔŋ　ディチャン・カムラン・チャ・ケップ・コーン

ฝน กำลัง จะ ตก　　雨が降りそうです。
fǒn kamlaŋ cà tòk　フォン・カムラン・チャ・トック

ผม กำลัง จะ อ้วน　　太り始めてきました。
phǒm kamlaŋ cà ûan　ポム・カムラン・チャ・ウーアン

単語 เก็บ (ของ) [kèp (khɔ̌ɔŋ) ケップ (・コーン)] 片づける　　อ้วน [ûan ウーアン] 太る

参考 この課で学んだ อยู่ [yùu] には継続文、所在文両方のニュアンスがあります。

(เขา) กิน ข้าว อยู่　　(彼は)食事をしている。⇨ 継続文
(kháw) kin khâaw yùu　(カォ・) キン・カーオ・ユー

(เขา) .... อยู่ ใน ห้อง　　(彼は)部屋の中にいる。⇨ 所在文
(kháw) .... yùu nay hɔ̂ŋ　(カォ) .... ユー・ナイ・ホン

⇩

(เขา) กิน ข้าว อยู่ ใน ห้อง　　(彼は)部屋の中で食事をしている。
(kháw) kin khâaw yùu nay hɔ̂ŋ　(カォ・) キン・カーオ・ユー・ナイ・ホン
(彼)　食べる　ご飯　いる　中　部屋
　　　　主部　　　　　　　述部

✢ อยู่ [yùu] で一呼吸すると「部屋の中 (ナイ・ホン)」だけが述部になり強調されます。

手紙を書いているところです　17課

練習問題 17

1 単語練習：次の日本語をタイ語にして、発音してみましょう。
①買う　②部屋　③宿題　④手紙　⑤〜しようとするところ　⑥まだ
⑦歌　⑧聞く　⑨太る　⑩暑い、熱い　⑪〜している最中　⑫掃除する
⑬洗濯する

2 次のタイ語を和訳してください

① เขา ยัง เก็บ ของ อยู่
kháw yaŋ kèp khɔ̌ɔŋ yùu カォ・ヤン・ケップ・コーン・ユー

② เขา ฟัง เพลง อยู่
kháw faŋ phleeŋ yùu カォ・ファン・プレーン・ユー

③ กำลัง จะ เขียน จดหมาย ถึง แม่
kamlaŋ cà khǐ:an còtmǎay thʉ̌ŋ mɛ̂ɛ カムラン・チャ・キーアン・チョットマーイ・トゥン・メー

解答は P153

文法のポイント

過去・現在・未来の表現によく使う助動詞（傾向としてよく使うと考えましょう）

	肯定形	否定形
過去	ได้[dâyダイ]＋動詞（機会を得る） 動詞＋แล้ว[lɛ́ɛwレーォ]（すでに〜してしまった）	ไม่ ได้[mây dâyマイ・ダイ]＋動詞（これまで〜していない、機会損失）
現在	กำลัง[kamlaŋカムラン]＋動詞（〜している最中） 動詞（習慣や事実、強い意志）	ไม่ ได้[mây dâyマイ・ダイ]＋動詞（いま〜していない） ไม่[mâyマイ]＋動詞（習慣・事実、意志の否定）
未来	จะ[càチャ]＋動詞（意志、推量）	จะ ไม่[cà mâyチャ・マイ]＋動詞（意志、推量）

■タイ語で現在を表す文とは（ここでは過去のことか、現在のことか、未来のことかを感じること）

　時をことばで表すとき、一般に「概念」が最初に起こり、「（主に動詞の）活用」によって時を表します。タイ語には動詞の活用がないので、概念から直接、時（過去・現在・未来）を判断しますが、中でも「現在」は定義自体が多種多様なので、タイ語では「〜している最中」や話者の強い意志、日常習慣（「父は毎朝5時に起きる」など）、普遍的な文（「地球は丸い」「タイは仏教国」など）が現在を表す文と考えられます。

18 課

食事をしてきましたか？（完了文）

18課のポイント

この課では、完了を表す表現を学びます。タイ語の完了文は「すでに～してしまった」「すでに～の状態になってしまった」ことについて述べるので、英語の完了形とニュアンスが異なることに注目しましょう。

คุณ ทาน อาหาร มา แล้ว หรือ ยัง คะ
khun thaan aahǎan maa lɛ́ɛw rɯ̌ɯ yaŋ khá
クン・ターン・アーハーン・マー・レーォ・ルー・ヤン・カ
あなたは食事をしてきましたか？

— ทาน มา แล้ว ครับ　　食事をしてきました。
　thaan maa lɛ́ɛw khráp
　ターン・マー・レーォ・クラップ

คุณ ยัง ไม่ กิน ข้าว หรือ　　あなたはまだ食事をしないのですか？
khun yaŋ mây kin khâaw rɯ̌ɯ
クン・ヤン・マイ・キン・カーォ・ルー

— วันนี้ ดิฉัน ไม่ กิน　　今日、私は食べません。
　wan níi dichán mây kin
　ワンニー・ディチャン・マイ・キン

ตอนเย็น คง จะ หิวข้าว แล้ว　　夕方にはきっとおなかがすくでしょう。
tɔɔn yen khoŋ cà hǐw khâaw lɛ́ɛw
トーンイェン・コン・チャ・ヒゥカーォ・レーォ

[単語] ทาน [thaan ターン] 食べる（กิน [kin キン] よりも丁寧な言い方）　　แล้ว [lɛ́ɛw レーォ] ～し終わる（完了）　　แล้ว หรือ ยัง [lɛ́ɛw rɯ̌ɯ yaŋ レーォ・ルー・ヤン] ～し終わったかどうか　　ตอนเย็น [tɔɔn yen トーンイェン] 夕方　　หิว [hǐw ヒゥ] 空腹な　　หิวข้าว [hǐw khâaw ヒゥカーォ] おなかがすく

食事をしてきましたか？　18課

1　〜した、〜なった

文末に **แล้ว** [lɛ́ɛw レーォ] を付けて、「すでに〜になった」や「すでに〜の状態になった」を表します。（漢語「完了」の「了」）

เขา เปิด หน้าต่าง มา แล้ว　彼女は（すでに）窓を開けてきました。
kháw pə̀ət nâatàaŋ maa lɛ́ɛw　カォ・プート・ナーターン・マー・レーォ
（動作の完了を表す）

ห้อง นี้ สวย อยู่ แล้ว　この部屋は（すでに）きれいになっています。
hɔ̂ŋ níi sǔ:ay yùu lɛ́ɛw　ホン・ニー・スーァィ・ユー・レーォ
（状態の完了を表す）

ไม่ ต้อง ใส่ น้ำปลา ก็ ได้ เผ็ด แล้ว
mây tɔ̂ŋ sày nám plaa kɔ̂ɔ dây, phèt lɛ́ɛw
マイ・トン・サイ・ナンプラー・コー・ダイ、ペット・レーォ
ナンプラーを入れる必要はありません、辛くなっています。
（すでに辛い状態になってしまっている）

[単語] **เปิด** [pə̀ət プート] 開ける　**หน้าต่าง** [nâatàaŋ ナーターン] 窓　**ใส่** [sày サイ] 入れる、着る
น้ำปลา [nám plaa ナンプラー] ナンプラー（タイの醤油）

2　〜したかどうか

「〜したかどうか（しなかったかどうか）」は 動詞〜 **แล้ว หรือ ยัง** [lɛ́ɛw rɯ̌ɯ yaŋ レーォ・ルー・ヤン] です。

คุณ ปิด ประตู แล้ว หรือ ยัง　ドアを閉めましたか？
khun pìt pratuu lɛ́ɛw rɯ̌ɯ yaŋ　クン・ピット・プラトゥー・レーォ・ルー・ヤン
（会話ではよく **แล้ว** [lɛ́ɛw レーォ] または下線部全体を省略する）

■肯定の返答は、動詞〜 **แล้ว** [lɛ́ɛw レーォ]、否定の返答は **ยัง ไม่** [yaŋ mây ヤン・マイ] + 動詞です。

- **ปิด แล้ว**　閉めました。
pìt lɛ́ɛw　ピット・レーォ

- **ยัง ไม่ ปิด**　まだ閉めていません。
yaŋ mây pìt　ヤン・マイ・ピット

[単語] **ปิด** [pìt ピット] 閉める　**ประตู** [pratuu プラトゥー] ドア

3　もう〜しなくなる（なった）のか？

「もう〜しないのか？」は **ไม่** [mây マイ] + 動詞〜 **อีก แล้ว หรือ** [ìik lɛ́ɛw rɯ̌ɯ イーク・レーォ・ルー] です。

เขา จะ ไม่ ทำงาน อีก แล้ว หรือ　彼女はもう仕事をしなくなったのですか？
kháw cà mây tham ŋaan ìik lɛ́ɛw rɯ̌ɯ　カォ・チャ・マイ・タムガーン・イーク・レーォ・ルー

93

18課　食事をしてきましたか？

- ค่ะ ไม่ ทำ (งาน) อีก แล้ว　はい、もうしません。
  khâ, mây tham (ŋaan) ìik lɛ́ɛw　カ、マイ・タム（ガーン）・イーク・レーォ

- ไม่ ค่ะ ยัง ทำ (งาน) ต่อ　いいえ、まだ(仕事を)し続けます。
  mây khâ, yaŋ tham (ŋaan) tɔ̀ɔ　マイ・カ、ヤン・タム（ガーン）・トー

[単語] ต่อ [tɔ̀ɔ トー] 〜し続ける

4　〜し終える

「(動詞を)し終える」は 動詞 〜 เสร็จ แล้ว [sèt lɛ́ɛw セット・レーォ] で表します。
　　　　　　　　　　　　　　　　　　▶ ร [r] は読まない（例外）

เขา อธิบาย เสร็จ แล้ว หรือ ยัง　彼は説明し終わりましたか？
kháw athíbaay sèt lɛ́ɛw rɯ̌ɯ yaŋ　カォ・アティバーイ・セット・レーォ・ルー・ヤン

- เสร็จ แล้ว　　　　　　　　　　　(説明)し終わりました。
  sèt lɛ́ɛw セット・レーォ　　▶ 否定文に แล้ว [lɛ́ɛw レーォ] は付けない

- ยัง ไม่ เสร็จ　　　　　　　　　まだ(説明)し終わっていません。
  yaŋ mây sèt ヤン・マイ・セット

[単語] อธิบาย [athíbaay アティバーイ] 説明する　　เสร็จ [sèt セット] 終わる

5　動詞の連続 (パターン2-2)

3つ以上の動詞が連続して、ひとつの文を形成することもあります。

เดิน ไป ซื้อ ของ มา　歩いて買い物に行ってきました。
dəən pay sɯ́ɯ khɔ̌ɔŋ maa　ドゥーン・パイ・スー・コーン・マー
歩く　行く　買い物する　　来る

วิ่ง ไป เอา มา ให้　走って取りに行ってきてあげます。
wîŋ pay aw maa hây　ウィン・パイ・アオ・マー・ハイ
走る　行く　取る　来る　与える
　主部　　　　　述部
　　◀ どこまでが主部かは「一呼吸（ブレス）」による (12・25課)。

■「走って取りに行ってきてあげます」は、本来、行為者（私、彼など）が主語になり、続く動詞群はすべて述部とみなしますが、「走って（行く）」を主部として読むこともできます（読み方例：走って行くのは、取りに行ってあげるため（です））。

[単語] เดิน [dəən ドゥーン] 歩く　　วิ่ง [wîŋ ウィン] 走る　　เอา [aw アォ] 取る

練習問題 18

1 単語練習：次の日本語をタイ語にして、発音してみましょう。

① (すでに)〜し終わる　②おなかがすく　③入れる、着る　④食べる(2とおり)
⑤ドアを閉める　⑥終わる　⑦歩く　⑧説明する　⑨取る
⑩窓を開ける　⑪走る　⑫ナンプラー

2 次のタイ語を和訳してください

① เขา กิน ข้าว มา แล้ว หรือ ยัง
　kháw kin khâaw maa lɛ́ɛw rɯ̌ɯ yaŋ カォ・キン・カーォ・マー・レーォ・ルー・ヤン

② เขียน จดหมาย ยัง ไม่ เสร็จ
　khǐan còtmǎay yaŋ mây sèt キーアン・チョットマーイ・ヤン・マイ・セット

③ เขา จะ ไม่ มา ระยอง อีก แล้ว
　kháw cà mây maa rayɔɔŋ ìik lɛ́ɛw カォ・チャ・マイ・マー・ラヨーン・イーク・レーォ

解答はP153

文法のポイント

語順のまとめ

3課で学んだ基礎語順と「主部＋述部」の構造をもとにタイ語の語順をまとめると 主語(＋述語動詞)＋補語 になります。下例②のように、述語動詞はふたつめの主語として読めることが多いので、その場合述語動詞に続く目的語・形容詞・副詞句・前置詞句はすべて補語と読めます。また、主語・動詞の片方がなくても「主語＋補語」の文章が成立します。

（自動詞・他動詞を無理に区別しなくていい）

① เขา ไป กรุงเทพฯ　　彼はバンコクに行きます。
　kháw　pay　kruŋthêep カォ・パイ・クルンテープ　（読み方⇨彼は行くのは、バンコクです）
　主語　動詞　名詞(補語)
　彼　　行く　バンコク

主語がないと「行くのはバンコクです」とも訳せる

② เขา ชื่อ ฮิโรมิ　　彼女はヒロミといいます。
　kháw　chɯ̂ɯ　hiromi カォ・チュー・ヒロミ　（読み方⇨彼女は、名前がヒロミです）
　主語　動詞　名詞(補語)
　彼女　〜という名前だ　ヒロミ

述語動詞をふたつめの主語「名前」として読んでも、意味は同じで訳し方が変わるだけ

③ เขียน จดหมาย สวย　　きれいに手紙を書く。
　khǐan　còtmǎay　sǔay キーアン・チョットマーイ・スーアイ　（読み方⇨手紙を書くのが、きれいです）
　動詞　名詞　　形容詞(補語)
　　手紙を書くこと　　美しい

この部分が主語(主部)になる

19 課

彼はタイ語が話せますか？
（可能文）

19課のポイント

この課では「～できる」と訳せる可能表現を学びます。「～できる」にもいろいろなニュアンスがあるのでニュアンスごとの表現をしっかり学びましょう。

เขา พูด ภาษา ไทย ได้ ไหม คะ　　彼はタイ語が話せますか？
kháw phûut phaasǎa thay dây mǎy khá
カォ・プート・パーサー・タイ・ダイ・マイ・カ

－ พูด ได้ แต่ อ่าน เขียน อาจจะ ไม่ ได้
phûut dây tɛ̀ɛ àan khǐ:an àat cà mây dây
プート・ダイ・テー・アーン・キーアン・アーチャ・マイ・ダイ
話せますが、読み書きはたぶんできないです。

คุย เป็น ภาษา ญี่ปุ่น ได้ ไหม　　日本語でしゃべってもいいですか？
khuy pen phaasǎa yîipùn dây mǎy
クイ・ペン・パーサー・イープン・ダイ・マイ

ร้อง เพลง ไทย เป็น ไหม　　タイの歌が歌えますか？
rɔ́ɔŋ phleeŋ thay pen mǎy
ローン・プレーン・タイ・ペン・マイ

ขึ้น ภูเขา ไหว ไหม　　山に登れますか？
khûn phuu khǎw wǎy mǎy
クン・プーカォ・ワイ・マイ

[単語] พูด [phûut プート] 話す　　อ่าน [àan アーン] 読む　　คุย [khuy クイ] おしゃべりする　　ร้อง [rɔ́ɔŋ ローン] 歌う　　เป็น [pen ペン] （経験が）活かせる　　ขึ้น [khûn クン] 上がる　　ภูเขา [phuu khǎw プーカォ] 山　　ไหว [wǎy ワイ] 耐える

彼はタイ語が話せますか？ **19課**

1 〜できる

「〜できる」は、ニュアンスによって大きく3つに分けることができます。

① ได้ [dâay ダイ]：日本語の「できる（可能や許可）」と同じです。文末に置きます。

เขา พูด ภาษา ญี่ปุ่น ได้ ไหม
khǎw phûut phaasǎa yîipùn dây mǎy カオ・プート・パーサー・イープン・ダイ・マイ
彼は日本語が話せますか？

− พูด ได้ เก่ง แต่ เขียน ไม่ ได้
phûut dây kèŋ tὲὲ khǐ:an mây dây プート・ダイ・ケン・テー・キーアン・マイ・ダイ
上手に話せますが、書くことはできません。

ว่ายน้ำ ที่ แม่น้ำ นี้ ได้ ไหม
wâay náam thîi mε̂ε náam níi dây mǎy ワーイナーム・ティー・メーナーム・ニー・ダイ・マイ
この川で泳ぐことができますか？ ← 泳いでもいいですか？（許可）という意味もある

− ได้ ไม่เป็นไร
dây, mâypenray ダイ、マイペンライ
できます、大丈夫です。 ← 可能・許可どちらの意味でも使える

− วันนี้ ไม่ ได้
wan níi mây dây ワンニー・マイ・ダイ
今日は、できません。

② เป็น [pen ペン] ← 経験上知っているのでできるという意味（やったことがある）

ทำ ต้มยำกุ้ง เป็น ไหม
tham tôm yam kûŋ pen mǎy タム・トムヤムクン・ペン・マイ
トムヤムクンを作ることができますか？

− เป็น นิดหน่อย
pen nít nɔ̀y ペン・ニットノイ
少しできます。 ← 「少しかじった程度です」のようなニュアンス

− ไม่ เป็น
mây pen マイ・ペン
できません。 ← 作ったことがない

③ ไหว [wǎy ワイ]

คุณ วิ่ง 20 ชั่วโมง ไหว ไหม
khun wîŋ yîisìp chûːa mooŋ wǎy mǎy クン・ウィン・イーシップ・チューアモーン・ワイ・マイ
20時間走ることができますか？

ไหว [wǎy ワイ]には「耐える」という意味があるので、「走ることに耐えられますか？」という意味

− ไหว   できます（耐えられます）。／ − ไม่ ไหว   できません（耐えられません）。
wǎy ワイ   mây wǎy マイ・ワイ
← 断るときによく使う。「勘弁してください」といったニュアンス

[単語] ว่ายน้ำ [wâay náam ワーイナーム] 泳ぐ
แม่น้ำ [mε̂ε náam メーナーム] 川   เก่ง [kèŋ ケン] 上手な

☆ เป็น [pen ペン] と ไหว [wǎy ワイ] の代わりに ได้ [dâay ダイ] も使えます。まずは ได้ [dâay ダイ] から使えるようにしましょう。

97

19課　彼はタイ語が話せますか？

2　結果的に可能を表す表現—動詞の連続（パターン3）

動詞1〜動詞2の場合、「動詞1した結果、動詞2になる」という意味になり、結果的に可能を表す場合もあります。

เขา อ่าน หนังสือ นี้ ไม่ เข้าใจ　　彼はこの本を読んでも理解できません。
kháw àan nǎŋsɯ̌ɯ níi mây khâwcay　カォ・アーン・ナンスー・ニー・マィ・カォチャィ
彼　　読む　　本　　　この　〜でない　理解する
　　　　　　主部　　　　　　　　　述部

[単語] เข้าใจ [khâwcay カォチャィ] 理解する

3　主部 + เป็น [pen ペン]

主部 + เป็น [pen ペン] で「（主部は）〜です」を表します。

เป็น [pen ペン] は属性を表すので「おしゃべりするのは日本語です（日本語に属す）」と読む

คุย เป็น ภาษา ญี่ปุ่น　　日本語で喋る
khuy pen phaasǎa yîipùn　クィ・ペン・パーサー・イープン
おしゃべりする　〜です　日本語
　主部　　　　　　述部

「おしゃべりする（クィ）」は主部、「日本語です」は補語になる

เขา เปลี่ยน อาชีพ เป็น ครู　　彼は職業を先生に変えた（＝彼の変えた職業は先生です）。
kháw plì:an aachîip pen khruu　カォ・プリーアン・アーチープ・ペン・クルー
彼　　変える　　職業　　属す　先生
　　　主部　　　　　　　　述部

[単語] เปลี่ยน [plì:an プリーアン] 変わる、変化する　　อาชีพ [aachîip アーチープ] 職業　　ครู [khruu クルー] (大学以外の) 先生

練習問題 19

1 単語練習：次の日本語をタイ語にして、発音してみましょう。
①歌う　②理解する　③(経験が)活かせる　④耐える　⑤泳ぐ
⑥変わる　⑦しゃべる　⑧川　⑨山　⑩水　⑪話す　⑫読む

2 次のタイ語を和訳してください。

① ใช้ มือถือ ที่นี่ ได้ ไหม
cháy mɯɯ thɯ̌ɯ thîi nîi dâay mǎy チャイ・ムートゥー・ティーニー・ダィ・マィ

② สอน ภาษา ไทย เป็น ไหม
sɔ̌ɔn phaasǎa thay pen mǎy ソーン・パーサー・タィ・ペン・マィ

③ อธิบาย เป็น ภาษา ญี่ปุ่น ได้ ไหม
athíbaay pen phaasǎa yîipùn dâay mǎy アティバーィ・ペン・パーサー・イープン・ダィ・マィ

解答はP153

文法のポイント

否定を表す ไม่ [mây マィ] の位置（動詞の場合）

1 ไม่ [mây マィ] +動詞 1 +動詞 2（動詞の連続パターン 1）⇨「動詞 1 しないで動詞 2 をする」

เรา ไม่ นั่ง คุย กัน　私たちは座らないでおしゃべりしました。
raw mây nâŋ khuy kan ラォ・マィ・ナン・クィ・カン

立ち話をする

「～してみる」「～しておく」などの文

2 ไม่ [mây マィ] +動詞 1 ～ 動詞 2（動詞の連続パターン 2）⇨「動詞 1 ～ 2 をしない」

เขา ไม่ ส่ง จดหมาย มา　彼は手紙を送ってきません。
kháw mây sòŋ còtmǎay maa カォ・マィ・ソン・チョットマーィ・マー

3 動詞 1 ～ ไม่ [mây マィ] +動詞 2（動詞の連続パターン 3）⇨「動詞 1 した結果、動詞 2 にならない」

เขา อ่าน หนังสือ นี้ ไม่ เข้าใจ　彼はこの本を読んでも理解できません。
kháw àan nǎŋsɯ̌ɯ níi mây khâwcay カォ・アーン・ナンスー・ニー・マィ・カォチャィ

☆いずれの場合も ไม่ [mây マィ] からあとが述部になります。

単語 ส่ง [sòŋ ソン] 送る

20 課
父は私にビールを買いに行かせた（使役文）

20 課のポイント

この課では「～させる」を表す使役文を学びます。使役文に使う ให้[hây ハイ] には「～させる」以外にもいろいろな用法があります。ひとつずつ整理しながら使いこなせるようにしましょう。

พ่อ ให้ ผม ไป ซื้อ เบียร์
phɔ̂ɔ hây phǒm pay sɯ́ɯ bi:a
ポー・ハイ・ポム・パイ・スー・ビア
父は私にビールを買いに行かせた。

สั่ง ลูกสาว ให้ ซัก ผ้า แทน ดิฉัน
sàŋ lûuk sǎaw hây sák phâa thɛɛn dichán
サン・ルークサーオ・ハイ・サック・パー・テーン・ディチャン
娘に命じ私の代わりに洗濯させた。

ผม จะ ทำ อาหาร ให้ อร่อย กว่า
phǒm cà tham aahǎan hây arɔ̀y kwàa
ポム・チャ・タム・アーハーン・ハイ・アローイ・クワー
もっとおいしくなるよう料理を作ります。

เตะ ต้นไม้ ให้ หัก แล้ว
tè tôn máy hây hàk lɛ́ɛw
テ・トンマイ・ハイ・ハック・レーオ
木を蹴って（木を）折った。

ฝน ตก หนัก ทำให้ ไฟดับ แถว นี้ แล้ว
fǒn tòk nàk tham hây fay dàp thɛ̌w níi lɛ́ɛw
フォン・トック・ナック・タムハイ・ファイダップ・テォ・ニー・レーオ
豪雨によって、このあたりが停電した。

単語 ให้[hây ハイ]～させる　เบียร์[bi:a ビア]ビール　สั่ง[sàŋ サン]命じる　แทน[thɛɛn テーン]～の代わりに　เตะ[tè テ]蹴る　ต้นไม้[tôn máy トンマイ]木　หัก[hàk ハック]折れる　หนัก[nàk ナック]強い、重い　ทำให้[tham hây タムハイ]（…が原因で）～になる　ไฟดับ[fay dàp ファイダップ]停電する（ไฟ[fay ファイ]火　ดับ[dàp ダップ]消える）　แถว[thɛ̌w テォ]～のあたり

100

父は私にビールを買いに行かせた　20課

1　ให้ [hây ハイ] の基本的用法
「与える、あげる」という意味の動詞 ให้ [hây ハイ] の基本的な使い方は次の3つです。

① ให้ [hây ハイ] ＋名詞：〜に、〜のために　　←英語の前置詞 to, for に似ている

ทำ อาหาร ให้ แม่
tham aahăan hây mɛ̂ɛ　タム・アーハーン・ハイ・メー
母に食事を作る（＝母のために食事を作る）。

② ให้ [hây ハイ] ＋形容詞：（もっと）〜になるように　　←さらなる努力目標を強調する

ทำ อาหาร ให้ อร่อย
tham aahăan hây arɔ̀y　タム・アーハーン・ハイ・アロイ
（もっと）おいしくなるように食事を作る。

③ ให้ [hây ハイ] ＋(A)＋動詞：(A)に〜させる　　←これが使役表現

ทำ อาหาร ให้ (เขา) กิน
tham aahăan hây (kháw) kin　タム・アーハーン・ハイ（・カオ）・キン
食事を作って（彼に）食べさせる。

2　ให้ [hây ハイ] ＋A＋動詞

ให้ [hây ハイ] ＋A＋動詞 で「Aに〜させる」という意味になります。

แม่ อยาก ให้ ผม แต่งงาน เร็วๆ　母は私をはやく結婚させたがっている
mɛ̂ɛ yàak hây phŏm tɛ̀ŋ ŋaan rew rew　メー・ヤーク・ハイ・ポム・テンガーン・レオ・レオ

単語 แต่งงาน [tɛ̀ŋ ŋaan テンガーン] 結婚する　　เร็ว [rew レオ] 早い、速い

3　動詞1＋ ให้ [hây ハイ] ＋A＋動詞2

この場合、「動詞1することでAは動詞2をさせられることになった」という意味になります。

なお、動詞1＋A＋ ให้ [hây ハイ] ＋動詞2 のように語順を変えると、「動詞1をし、Aに動詞2をさせる」となり使役「させる」がより強調されます。

เขา เรียก ให้ ลูกสาว มา ซัก ผ้า แทน ดิฉัน
kháw rîːak hây lûuk sǎaw maa sák phâa thɛɛn dichán
カオ・リーアック・ハイ・ルークサーオ・マー・サック・パー・テーン・ディチャン
彼は娘を呼んで私の代わりに洗濯をさせた。（直訳：彼が娘を呼んだことで（娘は）洗濯させられることになった）

หัวหน้า สั่ง ให้ เรา ทำ ความสะอาด
hǔːa nâa sàŋ hây raw tham khaam sa àat　フーアナー・サン・ハイ・ラオ・タム・クワームサアート
部長は私たちに掃除するように命じた。（直訳：部長が命じたので私たちは掃除させられることになった）

■否定形「〜させない」は ให้ [hây ハイ] の前に ไม่ [mây マイ] を置きます。

หัวหน้า สั่ง ไม่ ให้ เรา สูบ บุหรี่
hǔːa nâa sàŋ mây hây raw sùup burìi　フーアナー・サン・マイ・ハイ・ラオ・スープ・ブリー
部長が私たちにタバコを吸わ（せ）ないよう命じた。

101

20課　父は私にビールを買いに行かせた

[単語] เรียก [rîːak リーァック] 呼ぶ　　สูบ [sùup スープ] 吸う　　บุหรี่ [burìi ブリー] タバコ

4　過失と故意

前の課で「動詞1した結果、動詞2になる」という構文を学びました。次も同様の例です。

เตะ ต้นไม้ หัก แล้ว　　木を蹴って(木を)折った(=木を蹴ったら折れてしまった)。
tè tôn máy hàk lɛ́ɛw　テ・トンマイ・ハック・レーォ

「折れる」の前に ให้ [hây ハイ] を入れると故意に折ったことになります。

เตะ ต้นไม้ ให้ หัก แล้ว　　木を蹴って(わざと木を)折った。
tè tôn máy hây hàk lɛ́ɛw　テ・トンマイ・ハイ・ハック・レーォ

■動詞(ここでは「蹴る」)を特定しない場合、ทำ [tham タム] を使います。

ทำ ต้นไม้ (ให้) หัก แล้ว　　木を(わざと)折った　　ให้ [hây ハイ] が入るとわざと折ったことになります
tham tôn máy (hây) hàk lɛ́ɛw　タム・トンマイ・(・ハイ)・ハック・レーォ

5　原因と結果

「Aが原因でBに～させた(Bになった)」と言う場合、A ทำให้ [tham hây タム・ハイ] B と言います。

หิมะ ตก ทุกวัน ทำให้ ออก จาก บ้าน ลำบาก
himá tòk thúk wan tham hây ɔ̀ɔk càak bâan lambàak
ヒマ・トック・トゥックワン・タム・ハイ・オーク・チャーク・バーン・ランバーク
雪が毎日降るので、外出が困難になった。

[単語] หิมะ [himá ヒマ] 雪　　ออก [ɔ̀ɔk オーク] 出る　　ลำบาก [lambàak ランバーク] 困難な
　　　　→ ヒマラヤ山脈のヒマ

[参考] ให้ [hây ハイ] の位置を整理しましょう。

① A **ให้** B ซัก ผ้า　　　　　　　　AはBに洗濯をさせた。
　　A hây B sák phâa　　　　　　　(スキット1番目の構文)

② A สั่ง B **ให้** ซัก ผ้า　　　　　　AはBに命じ洗濯をさせた。
　　A sàŋ B hây sák phâa　　　　　(スキット2番目の構文)

③ A 　สั่ง B **ให้** C ซัก ผ้า　　　　AはBに命じCに洗濯をさせた。
　　A sàŋ B hây C sák phâa　　　　(②の応用：対象が3人)

④ A สั่ง **ให้** B ซัก ผ้า　　　　　Aが命じたのでBは洗濯をさせられることになった。
　　A sàŋ hây B sák phâa　　　　(前項3の構文：Bはやや受身的)

⑤ A 　สั่ง **ให้** B **ให้** C ซัก ผ้า　　Aが命じたのでBはCに洗濯をさせることになった。
　　A sàŋ hây B hây C sák phâa

①から③は「させる(使役)」が強調され、④と⑤(動詞 ให้ [hây] ~)は「命じた結果洗濯した」のようにむしろ原因と結果を表します。④⑤の動詞を特定しない文が5項の ทำให้ [tham hây] です

102

練習問題 20

🎧117 **1** 単語練習：次の日本語をタイ語にして、発音してみましょう。
①させる　②結婚する　③タバコを吸う　④命じる　⑤このあたり
⑥早い、速い　⑦～の代わりに　⑧木　⑨火　⑩出る　⑪ビール　⑫雪

🎧118 **2** 次のタイ語を和訳してください。

① คุณพ่อ ให้ ผม เก็บ ของ ใน ห้อง
khun phɔ̂ɔ hây phǒm kèp khɔ̌ɔŋ nay hɔ̂ŋ クン・ポー・ハイ・ポム・ケップ・コーン・ナイ・ホン

② คุณ ต้อง เขียน จดหมาย ให้ สวย กว่า
khun tɔ̂ŋ khǐːan còtmǎay hây sǔːay kwàa
クン・トン・キーアン・チョットマーイ・ハイ・スーアイ・クワー

③ หัวหน้า สั่ง ผม ไม่ ให้ ไป ไหน
hǔːa nâa sàŋ phǒm mây hây pay nǎy フーアナー・サン・ポム・マイ・ハイ・パイ・ナイ

解答はP154

🎧119 **文法のポイント**

ทำ [tham タム] と ให้ [hây ハイ] の関係を確認しましょう。まず ทำ [tham タム] のない文をみてください。

*ต้นไม้ หัก แล้ว　→　ทำ [tham タム] がないと「木が（自然に）折れた」
tôn máy hàk lɛ́ɛw トンマイ・ハック・レーオ
木が折れた。

① ทำ ต้นไม้ หัก แล้ว　→　ทำ [tham タム] を入れると「木を折った」
tham tôn máy hàk lɛ́ɛw タム・トンマイ・ハック・レーオ
木を折った。

② ทำ ต้นไม้ ให้ หัก แล้ว　→　ให้ [hây ハイ] を入れると「木をわざと折った」
tham tôn máy (hây) hàk lɛ́ɛw タム・トンマイ・(ハイ)・ハック・レーオ
木をわざと折った。

この構文では ทำ [tham タム] の場合だけで、他の動詞なら人や動物も置ける

①と②の文は ทำ [tham タム] のあとに ต้นไม้ [tôn máy トンマイ]「木」（物）が入っています。ทำ [tham タム] のあとに人や動物は置けませんが、ทำให้ [tham hây タムハイ] のあとなら人や動物が置けます。

นักเรียน ทำให้ ครู โมโห แล้ว　生徒が先生を怒らせた（＝生徒が原因で先生が怒った）。
nákriːan tham hây khruu moohǒo lɛ́ɛw ナックリーアン・タムハイ・クルー・モーホー・レーオ

[補足] ทำ [tham タム] ～（ให้ [hây ハイ]）や ทำให้ [tham hây タムハイ] のあとには、主に「割れた、停電した、折れた」など、自分の意志とは無関係に起こる表現が続きます。

　　　　「折った」ではなく「折れた」

[単語] โมโห [moohǒo モーホー] 怒る

103

疑問文総まとめ

疑問文と返答

用法	疑問詞	例文
ですか？ (〜か否か) 2課	〜หรือ เปล่า rǔɯ plàw ルー・プラォ	彼はタイ人ですか？　ーはい。／いいえ。 เขา เป็น คนไทย หรือ เปล่า kháw pen khon thay rǔɯ plàw カォ・ペン・コンタイ・ルー・プラォ ーใช่ [chây チャイ]／ ไม่ ใช่ [mây chây マイ・チャイ]
でしょ？ (確認) 2課	〜ใช่ ไหม chây mǎy チャイ・マイ	彼はタイ人でしょ？　ーはい。／いいえ。 เขา เป็น คนไทย ใช่ ไหม kháw pen khon thay chây mǎy カォ・ペン・コンタイ・チャイ・マイ ーใช่ [chây チャイ]／ ไม่ ใช่ [mây chây マイ・チャイ]
ですか？ (かどうか、再確認) 4課	หรือ rǔɯ ルー	彼はタイ人ですか？　ーはい。／いいえ。 เขา เป็น คนไทย หรือ kháw pen khon thay rǔɯ カォ・ペン・コンタイ・ルー ーใช่ [chây チャイ]／ ไม่ ใช่ [mây chây マイ・チャイ]
ですか？ (名詞文に使わない) 3課	ไหม mǎy マイ	タイへ行きませんか？　ー行きます。／行きません。 จะ ไป เมืองไทย ไหม cà pay mɯaŋ thay mǎy チャ・パイ・ムーアンタイ・マイ ーไป [pay パイ]／ ไม่ ไป [mây pay マイ・パイ]
〜しないのですか？ (否定疑問文) 4課	ไม่〜 หรือ mây rǔɯ マイ〜ルー	タイへ行かないのですか？　ー(いいえ)行きます。／(はい)行きません。 ไม่ ไป เมืองไทย หรือ mây pay mɯaŋ thay rǔɯ マイ・パイ・ムーアンタイ・ルー ーไป [pay パイ]／ ไม่ ไป [mây pay マイ・パイ]
できますか？ (可能・許可) 6課・19課	ได้ ไหม dây mǎy ダイ・マイ	タイ語を話せますか？　ー話せます。／話せません。 พูด ภาษา ไทย ได้ ไหม phûut phaasǎa thay dây mǎy プート・パーサー・タイ・ダイ・マイ ーได้ [dây ダイ]／ ไม่ ได้ [mây dây マイ・ダイ]
できますか？ (経験が活かせますか？) 19課	เป็น ไหม pen mǎy ペン・マイ	タイ料理を作れますか？　ー作れます。／作れません。 ทำ อาหาร ไทย เป็น ไหม tham aahǎan thay pen mǎy タム・アーハーン・タイ・ペン・マイ ーเป็น [pen ペン]／ ไม่ เป็น [mây pen マイ・ペン]

疑問文総まとめ

できますか？ （耐えられますか？） 19課	ไหว ไหม wǎy mǎy ワイ・マイ	山に登れますか？　－登れます。／登れません。 ขึ้น ภูเขา ไหว ไหม khûn phuu khǎw wǎy mǎy クン・プーカォ・ワイ・マイ －ไหว[wǎy ワイ]／ไม่ไหว[mây wǎy マイ・ワイ]
（すでに）～しましたか？／なりましたか？ 18課	แล้ว หรือ ยัง lɛ́ɛw rɯ̌ɯ yaŋ レーォ・ルー・ヤン	もう食事をしましたか？　－食べました。／まだ食べていません。 กิน ข้าว แล้ว หรือ ยัง kin khâaw lɛ́ɛw rɯ̌ɯ yaŋ キン・カーォ・レーォ・ルー・ヤン －กิน แล้ว／ยัง ไม่ กิน kin lɛ́ɛw キン・レーォ／yaŋ mây kin ヤン・マイ・キン
～し終わりましたか？ 18課	เสร็จ แล้ว หรือ ยัง sèt lɛ́ɛw rɯ̌ɯ yaŋ セット・レーォ・ルー・ヤン	書き終わりましたか？　－終わりました。／まだ終わっていません。 เขียน เสร็จ แล้ว หรือ ยัง khǐːan sèt lɛ́ɛw rɯ̌ɯ yaŋ キーァン・セット・レーォ・ルー・ヤン －เสร็จ แล้ว／ยัง ไม่ เสร็จ sèt lɛ́ɛw セット・レーォ／yaŋ mây sèt ヤン・マイ・セット

疑問詞を使った疑問文と返答

何？ 5課	อะไร aray アライ	これは何ですか？　－タイの本です。 นี่ อะไร[nîi aray ニー・アライ] －นี่ หนังสือไทย[nîi nǎŋsɯ̌ɯ thay ニー・ナンスー・タイ]
誰？ 2課	ใคร khray クライ	彼は誰ですか？　－学生です。 เขา เป็น ใคร[kháw pen khray カォ・ペン・クライ] －เป็น นักเรียน[pen nák riːan ペン・ナックリーァン]
誰と？ 11課	กับ ใคร kàp khray カップ・クライ	誰と行きますか？　－父と行きます。 ไป กับ ใคร[pay kàp khray パイ・カップ・クライ] －ไป กับ พ่อ[pay kàp phɔ̂ɔ パイ・カップ・ポー]
どこへ？ 11課	ไหน nǎy ナイ	どこへ行きますか？　－タイへ行きます。 ไป ไหน[pay nǎy パイ・ナイ] －ไป เมืองไทย[pay mɯːaŋ thay パイ・ムーァンタイ]
どこで？ 9課	ที่ไหน thîi nǎy ティーナイ	どこで働きますか？　－ここで働きます。 ทำงาน ที่ไหน[tham ŋaan thîi nǎy タムガーン・ティーナイ] －ทำงาน ที่นี่[tham ŋaan thîi nîi タムガーン・ティーニー]

105

疑問文総まとめ

いつ？ 8課	เมื่อไร mûːaray ムーアライ	彼はいつ来ますか？　―今日来ます。 เขา มา เมื่อไร [kháw maa mûːaray カォ・マー・ムーアライ] ― มา วันนี้ [maa wan níi マー・ワンニー]
いくら？ 5課	เท่าไร thâwray タォライ	これはいくらですか？　―50バーツです。 นี่ ราคา เท่าไร [nîi raakhaa thâwray ニー・ラーカー・タォライ] ―50 บาท [hâa sìp bàat ハー・シップ・バート]
何時？ 7課	กี่ โมง kìi mooŋ キー・モーン	いま、何時ですか？　―午後1時です。 ตอนนี้ กี่ โมง [tɔɔn níi kìi mooŋ トーンニー・キー・モーン] ―บ่าย โมง [bàay mooŋ バーイ・モーン]
何日？ 8課	วันที่ เท่าไร wan thîi thâwray ワンティー・タォライ	何日に会いますか？　―9日です。 พบ กัน วันที่ เท่าไร [phóp kan wan thîi thâwray ポップ・カン・ワンティー・タォライ] ―วันที่ 9 [wan thîi kâw ワンティー・カォ]
何時間？ 7課	กี่ ชั่วโมง kìi chûːa mooŋ キー・チューア・モーン	何時間勉強しますか？　―2時間です。 เรียน กี่ ชั่วโมง [riːan kìi chûːa mooŋ リーアン・キー・チューアモーン] ―สอง ชั่วโมง [sɔ̌ɔŋ chûːa mooŋ ソーン・チューアモーン]
何曜日？ 8課	วัน อะไร wan aray ワン・アライ	今日は何曜日ですか？　―水曜日です。 วันนี้ วัน อะไร [wanníi wan aray ワンニー・ワン・アライ] ―วันพุธ [wan phút ワンプット]
どうですか？ (状態をきく) 13課	เป็น อย่างไร pen yàaŋray ペン・ヤーンライ	バンコクはどうですか？　―大きな町です。 กรุงเทพฯ เป็น อย่างไร [kruŋthêep pen yàaŋray クルンテープ・ペン・ヤーンライ] ―เป็น เมือง ใหญ่ [pen mɯːaŋ yày ペン・ムーアン・ヤイ]
どのように？ (方法をきく) 13課	～อย่างไร yàaŋray ヤーンライ	どのように行きますか？　―車に乗っていきます。 ไป อย่างไร [pay yàaŋray パイ・ヤーンライ] ―นั่ง รถ ไป [nâŋ rót pay ナン・ロット・パイ]

106

疑問文総まとめ

どのくらい〜ですか？ 13課	แค่ไหน khɛ̂ɛ nǎy ケーナイ	どのくらい(遠い)ですか？ －8キロです。 ไกล แค่ไหน [klay khɛ̂ɛ nǎy クライ・ケーナイ] －8 กิโล เมตร [pɛ̀ɛt kiloo mét ペート・キローメット]
どうしてですか？ 14課	ทำไม thammay タンマイ	どうして行かないのですか？ －体調が悪いからです。 ทำไม ไม่ ไป [thammay mây pay タンマイ・マイ・パイ] －เพราะ ไม่ สบาย [phrɔ́ mây sabaay プロ・マイ・サバーイ]
*どうですか？ (容態をきく)	เป็น อะไร pen aray ペン・アライ	どうされたのですか？ －風邪をひきました。 เป็น อะไร หรือ [pen aray rɯ̌ɯ ペン・アライ・ルー] －เป็น หวัด [pen wàt ペン・ワット]

＊印は本文にないものです

疑問文の確認

> 疑問文の文末に หรือ [rɯ̌ɯ ルー] を付け、「〜なのですか」と確認をすることがあります。
>
> เขา เป็น ใคร หรือ　　彼は誰なのですか？
> kháw pen khray rɯ̌ɯ　カォ・ペン・クライ・ルー

107

単語の組み合わせ 🔊121

　タイ語は単音節語ですが、รถ[rót ロット]「車」+ ไฟ[fay ファイ]「火」= รถไฟ[rót fay ロットファイ]「列車」のように、複数音節語の単語もたくさんもあります。下例は複音節語によく使う語です。

■ นัก[nák ナック]〜する人

นักเรียน[nák riːan ナックリーアン]学生（人＋学ぶ）

นักร้อง[nák rɔ́ɔŋ ナックローン]歌手（人＋歌う）

■ โรง[rooŋ ローン]舎＝大きな建物

โรงงาน[rooŋ ŋaan ローンガーン]工場（建物＋仕事）

โรงพยาบาล[rooŋ phayaabaan ローンパヤーバーン]病院（建物＋看護する）

■ เครื่อง[khrɯ̂ːaŋ クルーアン]機械

เครื่องบิน[khrɯ̂ːaŋ bin クルーアンビン]飛行機（機械＋飛ぶ）

เครื่องดนตรี[khrɯ̂ːaŋ dontrii クルーアンドントリー]楽器（機械＋音楽）

↗ 意味は「糞」

■ ขี้[khîi キー]（マイナスイメージを表す）

ขี้ร้อน[khîi rɔ́ɔn キーローン]暑がり

ขี้หนาว[khîi nǎaw キーナーォ]寒がり

参考
❖ การ[kaan カーン]「仕事、行動」に名詞・動詞を続け別の意味の単語を作ります。
　การ[kaan カーン] + เมือง[mɯaŋ ムーアン]「国、町」⇨ การ เมือง[kaan mɯaŋ カーン・ムーアン]政治
❖ ความ[khwaam クワーム]「意味、内容」に動詞・形容詞を続けると抽象名詞を作ります。
　ความ[khwaam クワーム] + เห็น[hěn ヘン]「見える」⇨ ความ เห็น[khwaam hěn クワーム・ヘン]意見、見解

単語 พยาบาล[phayaabaan パヤーバーン]看護する　บิน[bin ビン]飛ぶ　ดนตรี[dontrii ドントリー]音楽　เห็น[hěn ヘン]見える、目に入る

買い物などでよく使う形容詞 🎧122

ใหญ่ [yày ヤィ] 大きい	เล็ก [lék レック] 小さい
ยาว [yaaw ヤーォ] 長い	สั้น [sân サン] 短い
สูง [sǔuŋ スーン] 高い	เตี้ย [tîːa ティーァ] 低い
กว้าง [kwâaŋ クワーン] 広い	แคบ [khêεp ケープ] 狭い
ใหม่ [mày マィ] 新しい	เก่า [kàw カォ] 古い
หนัก [nàk ナック] 重い	เบา [baw バォ] 軽い
หนา [nǎa ナー] 厚い	บาง [baaŋ バーン] 薄い
แข็ง [khěŋ ケン] 硬い	นิ่ม [nîm ニム] 柔らかい
แก่ [kὲε ケー] (色が)濃い	จาง [caaŋ チャーン] (色が)薄い
ฉูดฉาด [chùut chàat チュートチャート] 派手な	เรียบ [rîːap リーァップ] 地味な
แพง [phεεŋ ペーン] (値が)高い	ถูก [thùuk トゥーク] 安い

色 สี [sǐi シー] 「色」+ 色名

สีแดง [sǐi dεεŋ シー・デーン] 赤色	สีขาว [sǐi khǎaw シー・カーォ] 白色
สีฟ้า [sǐi fáa シー・ファー] 青色	สีเหลือง [sǐi lɯ̌ːaŋ シー・ルーァン] 黄色
สีชมพู [sǐi chomuphuu シー・チョムプー] ピンク	สีอื่น [sǐi ɯ̀ɯn シー・ウーン] 他の色

枠の中の語を、上の形容詞や色と入れ換えて練習してみましょう。

ถูก กว่า นี้ มี ไหม これよりも安いものがありますか？
thùuk kwàa níi mii mǎy トゥーク・クワー・ニー・ミー・マィ

มี สีแดง ไหม 赤色はありますか？
mii sǐi dεεŋ mǎy ミー・シー・デーン・マィ

＊色の濃淡が気になれば上の文を使い、「これよりも濃い（薄い）のがありますか？」と言いましょう。

เหมาะ กับ ดิฉัน(/ ผม) ไหม 私に似合いますか？
mɔ̀ kàp dichán (/phǒm) mǎy モ・カップ・ディチャン(/ポム)・マィ

21 課

タクシーを呼んでください
（依頼文）

21 課のポイント

この課では「～してください」を表す依頼文を学びます。依頼には「自分に～させてください」と「相手に～してください」の 2 通りがあるので注意してください。表現によって依頼のニュアンス（丁寧さ）が変わることにも注目しましょう。

ขอ ดู เมนู หน่อย
khɔ̌ɔ duu meenuu nɔ̀y
コー・ドゥー・メーヌー・ノィ

メニューを見せてください。

ขอ น้ำชา หน่อย ได้ ไหม
khɔ̌ɔ nám chaa nɔ̀y dây mǎy
コー・ナムチャー・ノィ・ダィ・マィ

お茶をいただきたいのですが。

เอา เบียร์ 2 ขวด　แก้ว 3 ใบ ด้วย
aw bia sɔ̌ɔŋ khùːat,　kɛ̂ɛw sǎam bay dûːay
アォ・ビーア・ソーン・クーアット、　ケーォ・サーム・バィ・ドゥーアィ
ビール 2 本、グラス 3 杯 (3つ) ください。

ช่วย เรียก แท็กซี่ หน่อย ได้ ไหม
chûːay rîːak théksîi nɔ̀y dây mǎy
チューアィ・リーアック・テックシー・ノィ・ダィ・マィ

タクシーを呼んでくださいますか。

กรุณา แปล เป็น ภาษา อังกฤษ
karúnaa plɛɛ pen phaasǎa aŋkrit
カルナー・プレー・ペン・パーサー・アンクリット
恐れ入りますが英語に訳していただけますか。

→ 二重子音 (kru) とちがい、[karú] と発音する例外綴り

[単語] ขอ [khɔ̌ɔ コー] ～をください、～させてください　　เมนู [meenuu メーヌー] メニュー　หน่อย [nɔ̀y ノィ] 少し、ちょっと～　　น้ำชา [nám chaa ナムチャー] お茶　　ขวด [khùːat クーアット] （ビン 1) 本　　แก้ว [kɛ̂ɛw ケーォ] グラス、コップ　　ใบ [bay バィ]（グラス）～杯　　แท็กซี่ [théksîi テックシー] タクシー　　กรุณา [karúnaa カルナー]（丁寧な依頼）　　แปล [plɛɛ プレー] 訳す

タクシーを呼んでください　**21課**

1　(私に) させてください

① 「私に～させてほしい」という場合、ขอ[khɔ̌ɔ コー]＋動詞 で表します。文末にหน่อย[nɔ̀y ノイ]やด้วย[dûay ドゥーアイ]を付け「ちょっと～したい」「～もしたい」と結ぶことがあります。文末にได้ ไหม[dây mǎy ダイ・マイ]「できますか？」を続けると丁寧な文になります(次の2も同様です)。

ขอ ยืม พจนานุกรม หน่อย　辞書を貸してください。
khɔ̌ɔ yɯɯm phótcanaanúkrom nɔ̀y コー・ユーム・ポッチャナーヌクロム・ノイ

ขอ ถาม หน่อย (ได้ ไหม ครับ)　少々お伺いしたいのですが(大丈夫ですか？)。
khɔ̌ɔ thǎam nɔ̀y (dây mǎy khráp) コー・ターム・ノイ(・ダイ・マイ・クラップ)
↑直訳は「少し質問させてください」

② 「～をください」という場合、ขอ[khɔ̌ɔ コー]＋名詞 です。　←グラスかコップで3人分のこと

ขอ กาแฟ เย็น 3 แก้ว　アイスコーヒーを3杯ください。
khɔ̌ɔ kaafɛɛ yen sǎam kɛ̂ɛw コー・カーフェーイェン・サーム・ケーォ

会話ではเอา[aw アォ]＋名詞「～をください」もよく使います。

เอา อัน นี้　これをください
aw an níi アォ・アン・ニー　→類別詞は代名詞のように使う

เอา (หนังสือ) เล่ม นี้ ด้วย　これ(この本)もください。
aw (nǎŋsɯ̌ɯ) lêm níi dûay アォ(・ナンスー)・レム・ニー・ドゥーアイ

■上の「～もいる」のように英語の目的語にあたる部分に対し「～も」と言う場合、ด้วย[dûay ドゥーアイ]を文末に置きます。

ไป เวียดนาม และ ไป เมืองไทย ด้วย
pay wîatnaam lɛ́ pay mɯaŋ thay dûay
パイ・ウィーアットナーム・レ・パイ・ムーアンタイ・ドゥーアイ
ベトナムに行き、そしてタイにも行きます。

[単語] ยืม[yɯɯm ユーム]借りる　พจนานุกรม[phótcanaanúkrom ポッチャナーヌクロム]辞書　ถาม[thǎam ターム]質問する　เย็น[yen イェン](アイスコーヒーの)アイス

2　(相手に) ～してください

　　　　　　　　　　　　　　　　　　↑会話ではช่วย[chûay チューアイ]を省略することもある

相手に「～してください」はช่วย[chûay チューアイ]＋動詞 ～ หน่อย / ด้วย[nɔ̀y ノイ / dûay ドゥーアイ] です。หน่อย[nɔ̀y ノイ]やด้วย[dûay ドゥーアイ]の前にให้[hây ハイ](＋人)を置くと「誰々のために」を強調します(誰かがわかっていれば「人」は省略できます)。

111

21課　タクシーを呼んでください

ช่วย แนะนำ เพื่อน ให้ เขา รู้จัก หน่อย ได้ ไหม
chûːay nɛ́nam phûːan hây kháw rúːu càk nɔ̀y dây mǎy
チューアイ・ネナム・プーアン・ハイ・カオ・ルーチャック・ノイ・ダイ・マイ
彼に友人を紹介してくださいますか。

→ 彼に知らせるように

ช่วย สอน ภาษา ไทย ให้ หน่อย ได้ ไหม
chûːay sɔ̌ːn phaasǎː thay hây nɔ̀y dây mǎy
チューアイ・ソーン・パーサー・タイ・ハイ・ノイ・ダイ・マイ

タイ語を教えてくださいますか？
→ 話者同士ですでに教える相手がわかっている

[単語] **แนะนำ** [nɛ́nam ネナム] 紹介する、お薦める　　**รู้จัก** [rúːu càk ルーチャック] 知る

3　丁寧なお願い
ช่วย [chûːay チューアイ] の代わりに **กรุณา** [karúnaa カルナー] を使うと、より丁寧な表現になります。

กรุณา พูด เป็น ภาษา ญี่ปุ่น หน่อย (ได้ ไหม ครับ)
karúnaa phûːut pen phaasǎː yîːipùn nɔ̀y (dây mǎy khráp)
カルナー・プート・ペン・パーサー・イープン・ノイ（・ダイ・マイ・クラップ）
恐縮ですが、日本語で話していただきたいのですが（大丈夫ですか？）。

＊職場などの表現「(ご多忙中)誠にお手数ですが、～していただけますか？」には **กรุณา** [karúnaa カルナー] のかわりに **รบกวน** [rópkuːan ロップクーアン] や **รบกวนช่วย** [rópkuːan chûːay ロップクーアン・チューアイ] をよく使います。**รบกวน** [rópkuːan ロップクーアン] には「煩わす」「迷惑をかける」「邪魔をする」という意味があります。

4　勧誘
「どうぞ～してください」と勧誘する場合は **เชิญ** [chəːn チューン] を文頭に置きます。

เชิญ เข้า มา ทาง นี้　どうぞこちら(の方)へお入りください。
chəːn khâw maa thaaŋ níː　チューン・カオ・マー・ターン・ニー

เชิญ ไป เที่ยว บ้าน ผม ด้วย　どうぞ私の家にも遊びに来てください。
chəːn pay thîːaw bâan phǒm dûːay　チューン・パイ・ティーアオ・バーン・ポム・ドゥーアイ

※会話の場所から離れる場合 **ไป** [pay パイ]「行く」を使い、会話の場所に近づく場合 **มา** [maa マー]「来る」を使います。

→ 自分の家に誘っても、会話の場所が私の家でない場合タイ語では「私の家へ遊びに行ってください」と言うこともある

[単語] **เข้า** [khâw カオ] 入る　　**ทาง** [thaaŋ ターン] 方向、道

タクシーを呼んでください　21課

練習問題 21

1　単語練習：次の日本語をタイ語にして、発音してみましょう。

①（私に）させてください　②〜をください（2とおり）　③お茶　④訳す
⑤方向、道　⑥どうぞ〜　⑦辞書　⑧紹介する　⑨借りる　⑩呼ぶ
⑪入る　⑫質問する

2　次のタイ語を和訳してください。

① ขอ ใช้ พจนานุกรม หน่อย
khɔ̌ɔ cháy phótcanaanúkrom nɔ̀y コー・チャイ・ポッチャナーヌクロム・ノイ

② ช่วย ซัก ผ้า แทน ดิฉัน ให้ หน่อย
chûːay sák phâa thɛɛn dichán hây nɔ̀y
チューアイ・サック・パー・テーン・ディチャン・ハイ・ノイ

③ เอา กาแฟ เย็น สอง แก้ว ด้วย
aw kaafɛɛ yen sɔ̌ɔŋ kɛ̂ɛw dûːay アオ・カーフェー・イェン・ソーン・ケーォ・ドゥーアイ

解答はP154

文法のポイント

否定を表す ไม่ [mây マイ] の位置（形容詞の場合）

動詞＋形容詞の場合、話者が主観的に、動作の状態や性質を説明します。

เขา　เดิน　เร็ว　　　　　彼は歩くのが速い（＝彼は速く歩く）。
kháw　dəən　rew カォ・ドゥーン・レォ
　　　　　　　　　　　　　→ここでも動詞は（ふたつめの）名詞
　　　　　　　　　　　　　　として読める

①否定の ไม่ [mây マイ] は形容詞の前に置きます。

เขา　เดิน　ไม่　เร็ว　　彼は歩くのが速くない。
kháw　dəən　mây　rew カォ・ドゥーン・マイ・レォ
　　　　　　　　　　　　　→どのような動作かを説明する
彼　　歩く　〜でない　速い
　主部　　　　述部

② ไม่ [mây マイ] を動詞の前に置くと「歩くのが速い」ことそのものを否定し、「歩くのが速い（競歩など）をしない」と、主語（彼）の意志や習慣を話者が説明する文になります。

เขา　ไม่　เดิน　เร็ว　　彼は速く歩かない。
kháw　mây　dəən　rew カォ・マイ・ドゥーン・レォ
　　　　　　　　　　　　　→主語の意志や習慣を表す
彼　〜でない　歩く　速い
主部　　　　述部

113

22課
明日はいい天気になると思います（引用文）

22課のポイント
　この課では「～と思います」「～と感じます」のような引用文を学びます。「～と」にあたる ว่า [wâa ワー] は、英語 think that の that に似た語とイメージしましょう。

ผม คิด ว่า พรุ่งนี้ อากาศ จะ ดี ขึ้น
phǒm khít wâa phrûŋ níi aakàat cà dii khûn
ポム・キット・ワー・プルンニー・アーカート・チャ・ディー・クン
明日、天気は良くなると思います。

ดิฉัน รู้สึก ว่า เมืองไทย น่า อยู่
dichán rúu sùk wâa mɯːaŋ thay nâa yùu
ディチャン・ルースック・ワー・ムーアンタイ・ナー・ユー
私はタイの方が住みやすいと感じました。

เขา บอก ว่า โคราช ไม่ ร้อน เท่าไร
kháw bɔ̀ɔk wâa khooraât mây rɔ́ɔn thâwray
カォ・ボーク・ワー・コーラート・マイ・ローン・タォライ
コーラートはあまり暑くないと彼は言いました。

ได้ยิน ว่า ตอนนี้ ญี่ปุ่น หิมะ ตก
dây yin wâa tɔɔn níi yîipùn himá tòk
ダイイン・ワー・トーンニー・イープン・ヒマ・トック
いま日本は雪が降っていると聞きました。

ไม่ แน่ใจ ว่า จะ ไป ถูก หรือ เปล่า
mây nɛ̂ɛ cay wâa cà pay thùuk rɯ̌ɯ plàw
マイ・ネーチャイ・ワー・チャ・パイ・トゥーク・ルー・プラォ
正しく行けるかわかりません。

单語 คิด [khít キット] 思う、考える　　ว่า [wâa ワー] ～と（思う、言う）　　รู้สึก [rúu sùk ルースック] 感じる　　น่า [nâa ナー] ～すべき（価値がある）　　บอก [bɔ̀ɔk ボーク] 言う、告げる　　โคราช [khooraât コーラート] コーラート（地名）　　ได้ยิน [dây yin ダイイン] 聞こえる　　แน่ใจ [nɛ̂ɛ cay ネーチャイ] 確信する、はっきりする　　ไป ถูก [pay thùuk パイ・トゥーク] 正しく行ける

114

明日はいい天気になると思います　22課

1　〜と思う

「〜と思う」「〜と感じる」などの「〜と」にあたる語に ว่า [wâa ワー] を使います。

ผม คิด ว่า เขา เป็น คน ดี　　私は彼が良い人だと思います。
phǒm khít wâa kháw pen khon dii　ポム・キット・ワー・カォ・ペン・コン・ディー

ผม คิด ว่า ภาษา ไทย ไม่ ง่าย　私はタイ語は簡単じゃないと思います。
phǒm khít wâa phaasǎa thay mây ŋâay　ポム・キット・ワー・パーサー・タイ・マイ・ガーイ

ว่า [wâa ワー] を使った他の例も学んでおきましょう。

■〜という意味です

Bangkok หมายความ ว่า เป็น บ้าน มะกอก
bangkok mǎay khwaam wâa pen bâan makɔ̀ɔk
バンコク・マーイ・クワーム・ワー・ペン・バーン・マコーク　　もともとは「村」という意味
バンコク(Bangkok)はオリーブ村という意味です。

■〜と訳す

"ซินจ่าว" ภาษา เวียดนาม แปล ว่า "สวัสดี"
"sin càaw" phaasǎa wîːatnaam plɛɛ wâa "sawàt dii"
シンチャオ・パーサー・ウィーアットナーム・プレー・ワー・サワッディー
ベトナム語の「シンチャオ」は「サワディー(こんにちは)」と訳します。

＊**แปล ว่า อะไร**　　何と訳しますか？／どういう意味(なの)？
　plɛɛ wâa aray　プレー・ワー・アライ

■〜と呼ぶ

สัตว์ ตัว นี้ เรียก ว่า อะไร　　この動物は何と呼びますか？
sàt tuːa níi rîːak wâa aray　サット・トゥーア・ニー・リーアック・ワー・アライ

■〜というわけではない

ไม่ ใช่ ว่า ไม่ มี ความหมาย　　意味がないというわけではありません。
mây chây wâa mây mii khwaam mǎay　マイ・チャイ・ワー・マイ・ミー・クワームマーイ

■〜だと知っている　　รู้จัก [rúu càk ルーチャック] と違い、「理解する」という意味もある

ผม รู้ ว่า กุญแจ อยู่ ที่ ไหน　　私は鍵がどこにあるか知っています。
phǒm rúu wâa kuncɛɛ yùu thîi nǎy　ポム・ルー・ワー・クンチェー・ユー・ティー・ナイ

ไม่ รู้ ว่า กุญแจ อยู่ ที่ ไหน　　鍵がどこにあるか知りません。
mây rúu wâa kuncɛɛ yùu thîi nǎy　マイ・ルー・ワー・クンチェー・ユー・ティーナイ

รู้ ไหม ว่า กุญแจ อยู่ ที่ ไหน　　鍵がどこにあるか知っていますか？
rúu mǎy wâa kuncɛɛ yùu thîi nǎy　ルー・マイ・ワー・クンチェー・ユー・ティーナイ

115

22課　明日はいい天気になると思います

＊失礼ですが

質問し難いときはこの表現をよく使う

รู้[rúu ルー]「知る」の丁寧形 ทราบ[sâap サーブ]の否定形に疑問文を続けると丁寧な質問になります。

ไม่ ทราบ ว่า คุณ อายุ เท่าไร
mây sâap wâa khun aayú thâwray マィ・サーブ・ワー・クン・アーユ・タォライ
失礼ですがおいくつですか？（直訳：あなたの歳がいくつなのか存じません）

[単語] ง่าย[ŋâay ガーィ]簡単な　　มะกอก[makɔ̀ɔk マコーク]オリーブ　　หมายความ[măay khwaam マーィクワーム]意味する　　สัตว์[sàt サット]動物　　ความหมาย[khwaam măay クワームマーィ]意味　　รู้[rúu ルー]知る　　กุญแจ[kuncɛɛ クンチェー]鍵　　ทราบ[sâap サーブ]存じる

ท[th]＋ร[r]で[s]と読む例外

2　～すべき、価値がある

น่า[nâa ナー]に動詞や形容詞を付け、「～すべき（価値がある）」「（見た目）～のようだ」を表します

น่า อ่าน[nâa àan ナー・アーン]読むべき

น่า เที่ยว[nâa thîːaw ナー・ティアーォ]観光すべき

น่า อร่อย[nâa arɔ̀y ナー・アロィ]おいしそう

น่า รัก[nâa rák ナー・ラック]かわいい

[単語] รัก[rák ラック]愛する

116

明日はいい天気になると思います　22課

練習問題 22

1 単語練習：次の日本語をタイ語にして、発音してみましょう。
①思う　②告げる　③感じる　④聞こえる　⑤確信する　⑥意味する
⑦知る、わかる　⑧存じる（⑦の丁寧形）　⑨かわいい　⑩鍵　⑪簡単な
⑫意味

2 次のタイ語を和訳してください

① ผม คิด ว่า เขา จะ ไม่ กลับ มา
phǒm khít wâa kháw cà mây klàp maa ポム・キット・ワー・カォ・チャ・マイ・クラップ・マー

② รู้ ไหม ว่า มี กุญแจ ห้อง นี้ หรือ เปล่า
rúu mǎy wâa mii kuncɛɛ hɔ̂ŋ níi rɯ̌ɯ plàw
ルー・マィ・ワー・ミー・クンチェー・ホン・ニー・ルー・プラォ

③ ไม่ ทราบ ว่า คุณ แต่งงาน แล้ว หรือ ยัง
mây sâap wâa khun tɛ̀ŋ ŋaan lɛ́ɛw rɯ̌ɯ yaŋ
マィ・サープ・ワー・クン・テンガーン・レーォ・ルー・ヤン

解答は P154

文法のポイント

過去か未来か現在か

เมื่อวานนี้ ผม คิด ว่า พรุ่งนี้ จะ ไม่ ไป ภูเก็ต
mûːawaanníi phǒm khít wâa phrûŋníi cà mây pay phuukèt
ムーァワーンニー・ポム・キット・ワー・プルンニー・チャ・マィ・パィ・プーケット
昨日、私は明日プーケットに行かないと思いました。

　上の文は、「昨日（過去）に明日（未来）のことを考えた」ことをいま現在話しています（または書いています）。

補足（16課の続き）　ไป [pay パィ]だけで「行く（未来）」「行った（過去）」を表せます。
　たとえば、過去の動作や状態に対する愉快、不愉快な気分は、過去の出来事であっても発話時（＝いま）の気持ちです。また、未来を表す意志・推量も、文の内容は未来ですが、実際は、いま現在感じていることを話しています。このように、発話時の感情の内容は過去から未来までを含むので、ไป [pay パィ]も「行く」「行った」どちらの意味でも使えるのです。現在形や過去形など、文の形式がある言語は、現在形で現在を表し、現在と過去（未来）を区別できますが、タイ語は現在形や過去形がないので過去・未来・現在を区別する必要がないのです。

　　　　　　　　　　　　　　→ たとえば人によって季節感が異なるように

❖過去・未来・現在に具体的な境界線（区切り）はありません。3つの時は形式（過去形・未来形・現在形）によって境界線が引かれるだけです。
　　　　　　　　　　　　　　→ 4月1日から春と決めるようなこと

117

23 課

これはとても有名な本です
（関係代名詞）

23課のポイント 🎧133
この課では名詞を後ろから修飾する関係代名詞と ที่ [thîi ティー] の用法を学びましょう。

โกโก้ ที่ เขา ซื้อ มา อร่อย ดี　　彼が買ってきたココアはとてもおいしい。
kookôo thîi kháw sɯ́ɯ maa arɔ̀y dii
コーコー・ティー・カォ・スー・マー・アロイ・ディー

นี่ เป็น หนังสือ ที่ มี ชื่อเสียง มาก　　これはとても有名な本です。
nîi pen nǎŋsɯ̌ɯ thîi mii chɯ̂ɯ sǐːaŋ mâak
ニー・ペン・ナンスー・ティー・ミー・チューシーァン・マーク

ดีใจ ที่ ลูกชาย สอบ มหาวิทยาลัย ได้　　息子が大学に合格して嬉しい。
dii cay thîi lûuk chaay sɔ̀ɔp mahǎawítthayaalay dây
ディーチャイ・ティー・ルークチャーイ・ソープ・マハーウィッタヤーライ・ダイ

เพลง นี้ เป็น ที่ นิยม ของ วัยรุ่น　　この歌は若者に人気があります。
phleeŋ níi pen thîi níyom khɔ̌ɔŋ wayrûn
プレーン・ニー・ペン・ティー・ニヨム・コーン・ワイルン

ที่ ถูก กว่า นี้ มี ไหม　　これよりも安いものはありますか？
thîi thùuk kwàa níi mii mǎy
ティー・トゥーク・クワー・ニー・ミー・マイ

▶「名声を持っている」

[単語] โกโก้ [kookôo コーコー] ココア　　มี ชื่อเสียง [mii chɯ̂ɯ sǐːaŋ ミーチューシーァン] 有名な（ชื่อ [chɯ̂ɯ チュー] 名前　　เสียง [sǐːaŋ シーァン] 声）　　ดีใจ [dii cay ディーチャイ] 嬉しい　　สอบ [sɔ̀ɔp ソープ] 試験（をする）　　มหาวิทยาลัย [mahǎawítthayaalay マハーウィッタヤーライ] 大学　　นิยม [níyom ニヨム] 人気がある　　วัยรุ่น [wayrûn ワイルン] 若者（若い世代）　　ถูก [thùuk トゥーク] 安い、〜される（受身文⇨24課）

118

これはとても有名な本です　23課

1　関係代名詞

下の例では「彼が買ってきた」というのを関係代名詞 ที่[thîi ティー] を使って「ココア」を修飾します。

โกโก้	ที่	เขา ซื้อ มา	อร่อย ดี
kookôo	thîi	kháw sɯ́ɯ maa	arɔ̀y dii
コーコー	ティー	カォ・スー・マー	アロイ・ディー
ココア	（関係代名詞）	彼が買ってきた	とてもおいしい
名詞		形容詞句	補語
主部			述部

彼が買ってきたココアはとてもおいしい。

เขา เป็น อาจารย์ ที่ สอน ภาษา ญี่ปุ่น ให้ ดิฉัน
kháw pen aacaan thîi sɔ̌ɔn phaasǎa yîipùn hây dichán
カォ・ペン・アーチャーン・ティー・ソーン・パーサー・イープン・ハイ・ディチャン
彼は私に日本語を教えてくれる先生です。

引用文の ว่า[wâa ワー]（22課）と混同しないように！

2　感情を表す語

感情や気持ちを表す語のあとに ที่[thîi ティー] を置き、ที่[thîi ティー] 以下で感情の理由を述べます。

ふたつの違いを理解しましょう（2番目が1の関係代名詞）

เสียใจ ที่ คน ที่ ผม รัก แต่งงาน อยู่ แล้ว
sǐːacay thîi khon thîi phǒm rák tɛ̀ŋŋaan yùu lɛ́ɛw
シーアチャイ・ティー・コン・ティー・ポム・ラック・テンガーン・ユー・レーォ
私の愛する人が結婚していたので残念だ。

เป็น ห่วง มาก ที่ พนักงาน มา สาย ตั้ง 2 ชั่วโมง
pen hùːaŋ mâak thîi phanákŋaan maa sǎay tâŋ sɔ̌ɔŋ chûːa mooŋ
ペン・フーアン・マーク・ティー・パナックガーン・マー・サーイ・タン・ソーン・チューアモーン
従業員が2時間も遅刻したのでとても心配になった。

ก่อน อื่น ต้อง ขอโทษ ที่ ตอบ เมลล์ ช้า
kɔ̀ɔn ɯ̀ɯn tɔ̂ŋ khɔ̌ɔ thôot thîi tɔ̀ɔp meel cháa
コーン・ウーン・トン・コートート・ティー・トープ・メール・チャー
まずは、メールの返事が遅れて申し訳ありません。

直訳は「謝罪しなければならない」

[単語] เสียใจ[sǐːacay シーアチャイ]残念な　　เป็น ห่วง[pen hùːaŋ ペン・フーアン]心配になる　มา สาย[maa sǎay マー・サーイ]遅刻する　　ตั้ง[tâŋ タン]〜も（思ったより多い場合）　ก่อน อื่น[kɔ̀ɔn ɯ̀ɯn コーン・ウーン]まずは　ตอบ[tɔ̀ɔp トープ]答える、返事をする　เมลล์[meel メー（メール）]Eメール　ช้า[cháa チャー]遅い、ゆっくり

3　こと、もの

英語の関係代名詞 what に似ている

「〜する（した）こと」の「こと」や「〜であるもの」の「もの」に ที่[thîi ティー] をよ

119

23課　これはとても有名な本です

く使います。

ที่ นึก ออก เมื่อคืนนี้ ลืม แล้ว　　昨夜思いついたことを忘れてしまった。
thîi núk ɔ̀ɔk mûːa khɯɯn níi lɯɯm lɛ́ɛw　ティー・ヌック・オーク・ムーアクーンニー・ルーム・レーォ

ที่ ใหญ่ กว่า นี้ มี แค่ 2 ชนิด　　これよりも大きいものは2種類しかない。
thîi yày kwàa níi mii khɛ̂ɛ sɔ̌ɔŋ chanít
ティー・ヤィ・クワー・ニー・ミー・ケー・ソーン・チャニット

[単語] นึก ออก [núk ɔ̀ɔk ヌック・オーク] 思いつく、思い出す　　เมื่อคืนนี้ [mûːa khɯɯn níi ムーアクーンニー] 昨夜　　แค่ [khɛ̂ɛ ケー] 〜だけ（思ったより少ない場合）　　ชนิด [chanít チャニット] 種類

ที่ [thîi ティー] の用法

1	場所「〜で」	เขา อยู่ ที่ กรุงเทพฯ　彼はバンコクに（住んで）います。 kháw yùu thîi kruŋthêep　カォ・ユー・ティー・クルンテープ	
2	序数「第何番」	มา ภูเก็ต ครั้ง ที่ 3　プーケットに来るのは3回目です。 maa phuukèt khráŋ thîi sǎam　マー・プーケット・クラン・ティー・サーム	
3	関係代名詞	หนังสือ ที่ ซื้อ มา นี้ ดี มาก　買ってきたこの本はとてもいい。 nǎŋsɯ̌ɯ thîi sɯ́ɯ maa níi dii mâak ナンスー・ティー・スー・マー・ニー・ディー・マーク	
4	形容詞を修飾	ดีใจ ที่ สอบ ได้　試験に合格して嬉しい。 dii cay thîi sɔ̀ɔp dây　ディーチャイ・ティー・ソープ・ダイ	
5	〜（のところ）になる เป็น ที่ [pen thîi]	เล่ม นี้ เป็น ที่ มี ประโยชน์ lêm níi pen thîi mii prayòot　レム・ニー・ペン・ティー・プラヨート この本は有益（なところ）になる。	
6	こと、もの (การ) ที่ [(kaan) thîi]	ที่ คุณ พูด เมื่อคืนนี้ จำ ได้ ไหม thîi khun phûut mûːa khɯɯn níi cam dây mǎy ティー・クン・プート・ムーアクーンニー・チャム・ダイ・マイ 昨夜言ったことを覚えていますか？	
7	類別詞（〜人分）	เอา อัน นี้ 3 ที่　これを3つください。 aw an níi sǎam thîi　アォ・アン・ニー・サーム・ティー	
他	①〜のかぎり เท่า ที่ [thâw thîi] ②〜のとおり ตาม ที่ [taam thîi] 等	① จะ พยายาม เท่า ที่ ทำ ได้　できるかぎり努力します。 cà phayaayaam thâw thîi tham dây チャ・パヤーヤーム・タォ・ティー・タム・ダイ ② จะ ทำ ตาม ที่ หมอ บอก　医師に言われたとおりにします。 cà tham taam thîi mɔ̌ɔ bɔ̀ɔk チャ・タム・ターム・ティー・モー・ボーク	

[単語] ประโยชน์ [prayòot プラヨート] 有益な　　จำ ได้ [cam dây チャム・ダイ] 覚えている　　พยายาม [phayaayaam パヤーヤーム] 努力する　　ตาม [taam ターム] 〜にしたがって

これはとても有名な本です　23課

練習問題 23

1 単語練習：次の日本語をタイ語にして、発音してみましょう。
① (関係代名詞)　② 大学　③ 残念な　④ 嬉しい　⑤ 試験(をする)
⑥ 人気がある　⑦ 有名な　⑧ ～も(思ったより多い)
⑨ ～しか(思ったより少ない)　⑩ 覚えている　⑪ 昨夜

2 次のタイ語を和訳してください。

① ผลไม้ ที่ ซื้อ มา จาก ตลาด ไม่ ค่อย อร่อย
phǒnlamáay thîi súɯ maa càak talàat mây khɔ̂y arɔ̀y
ポンラマーイ・ティー・スー・マー・チャーク・タラート・マイ・コイ・アロイ

② เสียใจ ที่ ลูกสาว สอบ ตก
sǐ:acay thîi lûuk sǎaw sɔ̀ɔp tòk　シーアチャイ・ティー・ルークサーオ・ソープ・トック

③ หนังสือ นี้ เป็น ที่ นิยม ที่ ญี่ปุ่น
nǎŋsɯ̌ɯ níi pen thîi níyom thîi yîipun ナンスー・ニー・ペン・ティー・ニヨム・ティー・イープン

解答は P154

文法のポイント

関係代名詞と類別詞

関係代名詞と類別詞の働きは基本的に同じです。関係代名詞は形容詞句が名詞を修飾し、類別詞は形容詞が名詞を修飾します。

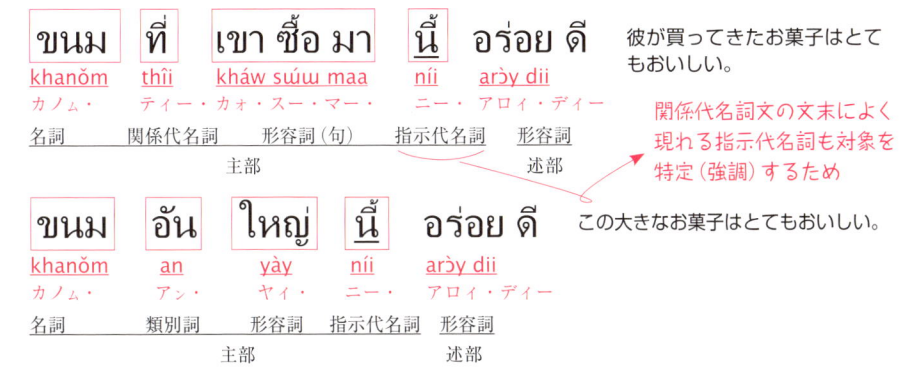

ขนม	ที่	เขา ซื้อ มา	นี้	อร่อย ดี
khanǒm	thîi	kháw súɯ maa	níi	arɔ̀y dii
カノム・	ティー・	カォ・スー・マー・	ニー・	アロイ・ディー
名詞	関係代名詞	形容詞(句)	指示代名詞	形容詞
主部				述部

彼が買ってきたお菓子はとてもおいしい。

→ 関係代名詞文の文末によく現れる指示代名詞も対象を特定(強調)するため

ขนม	อัน	ใหญ่	นี้	อร่อย ดี
khanǒm	an	yày	níi	arɔ̀y dii
カノム・	アン・	ヤイ・	ニー・	アロイ・ディー
名詞	類別詞	形容詞	指示代名詞	形容詞
主部				述部

この大きなお菓子はとてもおいしい。

＊(② 名詞＋類別詞＋指示代名詞 ＋③ 名詞＋類別詞＋形容詞 ＝④ 名詞＋類別詞＋形容詞＋指示代名詞) ⇒ P41 2より

参考 อัน [an アン] のあとに動詞 เป็น [pen ペン]「～です」や形容詞句を続けることがあるので、อัน [an アン] を関係代名詞の一種とみなすこともあります。

121

24 課

パクチーを入れないでください
（命令文・受身文）

24課のポイント
この課では注意、命令文と受身文を学びます。命令文はいろいろな表現があり、受身文は日本語と違った発想をする点に注目しましょう。

อย่า มา สาย อีก
yàa maa sǎay ìik
ヤー・マー・サーイ・イーク

もう遅刻してはいけません。

ไม่ ใส่ ผักชี นะ คะ
mây sày phàkchii ná khá
マイ・サイ・パックチー・ナ・カ

パクチーを入れないでください。

ขับ รถ ช้าๆ หน่อย ซิ
khàp rót chá cháa nɔ̀y sí
カップ・ロット・チャ・チャー・ノイ・シ

ゆっくり車を運転しなさい。

ห้าม ถ่าย รูป
hâam thàay rûup
ハーム・ターイ・ループ

撮影禁止（です）。

เมื่อกี้นี้ ผม ถูก ยุง กัด
mûːa kíi níi phǒm thùuk yuŋ kàt
ムーアキーニー・ポム・トゥーク・ユン・カット

さっき蚊にかまれました。

[単語] อย่า[yàa ヤー]～しないで　　สาย[sǎay サーイ]遅い、遅れる　　ผักชี[phàkchii パックチー]パクチー　　ขับ[khàp カップ]運転する　　ซิ[sí シ]～しなさい（命令・断言調）　　ห้าม[hâam ハーム]禁止（する）　　ถ่าย รูป[thàay rûup ターイ・ループ]写真をとる　　เมื่อกี้นี้[mûːa kíi níi ムーアキーニー]さっき　　ยุง[yuŋ ユン]蚊　　กัด[kàt カット]かむ

パクチーを入れないでください　24課

1　注意

「〜してはいけない」と注意する場合、 อย่า[yàa ヤー] +動詞 で表します。

อย่า ลืม นะ　　　　　　　　　　　忘れないでね。
yàa lɯɯm ná　ヤー・ルーム・ナ

อย่า ดื่ม เบียร์ ที่ โรงพยาบาล　　病院でビールを飲んではいけません。
yàa dɯ̀ɯm bi:a thîi rooŋphayaabaan　ヤー・ドーム・ビア・ティー・ローンパヤーバーン

■「まだ〜しないように」という場合、 อย่า เพิ่ง[yàa phə̂ŋ ヤー・プン] 〜 と言います。

อย่า เพิ่ง ดื่ม เหล้า　　まだ、お酒を飲んではいけません。
yàa phə̂ŋ dɯ̀ɯm lâw　ヤー・プン・ドゥーム・ラオ

[単語] ลืม[lɯɯm ルーム]忘れる　　ดื่ม[dɯ̀ɯm ドゥーム]飲む　　เหล้า[lâw ラオ]酒

2　命令を表す語

文末に ซิ[sí シ]「〜しなさい」や เลย[ləəy ルーイ]「(はやく)〜してしまいなさい」を置くと、命令調になります。 ครับ[khráp クラップ]や ค่ะ[khâ カ]を続けることで、丁寧な命令になります。

อ่าน หน่อย ซิ คะ　　ちょっと読んでください。
àan nɔ̀y sí khá　アーン・ノイ・シ・カ　──▶ 会話では発音が สิ[sì シ]になることが多い

เข้า มา เลย　　はやく入ってしまいなさい(さっさと入りなさい)。
khâw maa ləəy　カォ・マー・ルーイ

3　指示、禁止

指示「〜しなさい」は จง[coŋ チョン]、「〜禁止」は ห้าม[hâam ハーム]を文頭に置きます。

จง แปล เป็น ภาษา ไทย ให้ ถูกต้อง　　正しくタイ語に訳しなさい。
coŋ plɛɛ pen phaasǎa thay hây thùuk tɔ̂ŋ　チョン・プレー・ペン・パーサー・タイ・ハイ・トゥークトン

ห้าม จอด　　　　　　　　　　　駐車禁止(です)。
hâam cɔ̀ɔt　ハーム・チョート

[単語] ถูกต้อง[thùuk tɔ̂ŋ トゥークトン]正しい　　จอด[cɔ̀ɔt チョート]駐車する、(車を)止める

4　〜しないで

否定を表す ไม่[mây マイ] 〜 นะ[ná ナ]「〜しないでね」や、文末に置く ไม่ได้[mây dây マイ・ダイ]「だめです」も語調によっては強い禁止を表します。

ไม่ ใส่ ไข่ ไก่ นะ　　卵を入れないでくださいね。
mây sày khày kày ná　マイ・サイ・カイ・カイ・ナ

24課　パクチーを入れないでください

ไม่ เผ็ด นะ — 辛くしないでね。
mây phèt ná　マイ・ペット・ナ
→ 形容詞を直接否定するだけでも命令調（注意）を表せる

ดู เฉยๆ ไม่ ได้ — 見ているだけではだめです。
duu chǎy chǎay mây dây　ドゥー・チュィチューィ・マイ・ダイ

ขี้เกียจ ไม่ ได้ — 面倒くさがってはだめです。
khîi kì:at mây dây　キーキーァット・マイ・ダイ

→ 単独で使うと「〜が好きですか？」などの問いに対し「どちらでもない」と無関心さを表す

単語　ไข่ [khày カイ] 卵　　ไก่ [kày カイ] 鶏　　เฉยๆ [chǎy chǎay チュィチューィ] 〜するだけ
ขี้เกียจ [khîi kì:at キーキーァット] 怠惰な、〜するのが面倒だ

→ 単独では「面倒くさい！」「やる気がない！」と言いたいという場面で使う

5　受身表現

タイ語は受身表現「れる、られる」がほとんどなく、多くの場合、能動態で表現します。「被る」「遭遇する」「ぶつかる」を表す **ถูก** [thùuk トゥーク] や **โดน** [doon ドーン] を使い、受身文を作ります。

→ 会話では受身にせず、下線部（ユン・カット）だけを言うことが多い

能動　**ยุง กัด ผม**　蚊が私をかんだ。
　　　yuŋ　kàt　phǒm　ユン・カット・ポム
　　　蚊　 かむ　私

→ 受身又は話者にとって悪い出来事に使うことが多い

受身　**ผม ถูก ยุง กัด**　私は蚊にかまれた（＝私は蚊がかむことに遭遇した）。
　　　phǒm thùuk yuŋ kàt　ポム・トゥーク・ユン・カット
　　　私　遭遇する　蚊　 かむ
　　　主部　　　述部

อย่า ทำ อย่าง นั้น เดี๋ยว โดน ด่า — そのようなことをしないで、でないと叱られる。
yàa tham yàaŋ nán, dǐ:aw doon dàa　ヤー・タム・ヤーン・ナン、ディーァオ・ドーン・ダー

単語　อย่าง นั้น [yàaŋ nán ヤーン・ナン] そのように　(*อย่าง นี้ [yàaŋ níi ヤーン・ニー] このように)
เดี๋ยว [dǐ:aw ディーァオ] すぐに、さもなくば　　โดน [doon ドーン] 〜に当たる、〜に遇う、〜される（受身文を作る。ถูก [thùuk トゥーク] より口語調）　ด่า [dàa ダー] 叱る

→ たとえば（エアコンの風がちゃんと）「あたっていますか？」は
โดนไหม [doon mǎy ドーン・マイ] と言う

124

練習問題 24

1 単語練習：次の日本語をタイ語にして、発音してみましょう。
①～しないで（注意）　②禁止（する）　③まだ～しないで　④忘れる
⑤怠惰な、面倒だ　⑥飲む　⑦～される（2とおり）　⑧駐車する
⑨写真を撮る　⑩運転する　⑪酒　⑫卵

2 次のタイ語を和訳してください。

① อย่า ขับ รถ เร็วๆ
yàa khàp rót rew rew ヤー・カップ・ロット・レオ・レオ

② ห้าม สูบ บุหรี่
hâam sùup burìi ハーム・スープ・ブリー

③ อย่า เพิ่ง กลับ ญี่ปุ่น นะ
yàa phêŋ klàp yîipùn ná ヤー・プン・クラップ・イープン・ナ

解答は P155

文法のポイント

タイ語語順の総まとめ

　　タイ語の語順 主語（＋述語動詞）＋補語 から、4とおりの 主部＋述部ができます。

パターン1	パターン2
①最初の主語が主部の場合 　主語　（＋述語動詞）＋補語 　主部　　　　　　述部	③最初の主語＋述語動詞が主部の場合 　主語（＋述語動詞）＋補語 　　　主部　　　　　述部
②（①の）述語動詞がない場合 　　主語　＋　補語 　　主部　　　述部	④（③の）最初の主語がない場合 　述語動詞　＋　補語 　　主部　　　　述部

☆主部＋述部に関するポイント
最初の主語（主部）は動詞を伴った句の場合もある（4課）。
主部1＋述部1が、続く文の主部2になる（6、8課など）。
主部（主語）のあとに、動詞を使わず直接、副詞句や前置詞句が置ける（7課）。
述部には形容詞・前置詞句・副詞句・副詞など、主部を説明する語や語句を置く（3、7、10課）。
タイ語はふたつの主語を置くことができる（12課）。　　　→タイ文法のわかりにくい部分
述語動詞は、ふたつめの主語（主部）としての役割を兼ねる場合もある（5、18課）。
述語動詞がふたつめの主語（主部）になると、目的語は補語として読める（18課）。

上表①～④の主部や述部自体が（上のパターン1～2にしたがった）文の場合もあります（13課）。
22課の補足　「遠くへ離れる」というイメージを持つ音[pay バイ]を「動詞：行く」と決めた結果、品詞（動詞か名詞か？）や時制（現在か過去か？）などの問題が起こりました。これは英語などの理論を無理矢理タイ語に当てはめたからです。上表はタイ語にも主述関係が存在すると仮定した上でまとめたものなので、一応の目安と考えてください。

25課

タイに行く前に、何をすればいいですか？（時や仮定を表す接続詞）

25課のポイント

この課では時を表す接続詞（「〜したとき」「〜する前、〜した後」）と仮定や譲歩を表す接続詞（「もし〜なら、たとえ〜でも」）について学びます。構文は、英語の *when, before, after, if, though* などと似ているので、これまで学んだ表現と組み合わせ、いろいろな文を作ってみましょう。

เมื่อ หิวน้ำ ให้ บอก ผม หน่อย
mɯ̂ːa hǐw náam hây bɔ̀ɔk phǒm nɔ̀y
ムーア・ヒゥナーム・ハイ・ボーク・ポム・ノイ
のどが渇いたときは私に言ってください。
直訳「（あなたが）私に言うようにしてください」

ก่อน ไป เมืองไทย จะ ทำ อะไร ดี
kɔ̀ɔn pay mɯːaŋ thay cà tham aray dii
コーン・パイ・ムーアンタイ・チャ・タム・アライ・ディー
タイに行く前に、何をすればいいですか？

หลัง จาก ตื่นนอน แล้ว ล้าง หน้า ก่อน
lǎŋ càak tɯ̀ɯn nɔɔn lɛ́ɛw láaŋ nâa kɔ̀ɔn
ラン・チャーク・トゥーンノーン・レーォ・ラーン・ナー・コーン
目覚めた後、まず顔を洗います。
「先に、まず」という意味

ถ้า มี อะไร ก็ มา ปรึกษา ได้
thâa mii aray kɔ̂ɔ maa prɯ̀ksǎa dây
ター・ミー・アライ・コー・マー・プルックサー・ダイ
もし何かあれば、相談しに来てください。

ถึง แม้ ว่า จะ สอน หลาย ครั้ง เขา ก็ ไม่ เข้าใจ
thɯ̌ŋ mɛ́ɛ wâa cà sɔ̌ɔn lǎay khráŋ kháw kɔ̂ɔ mây khâwcay
トゥン・メー・ワー・チャ・ソーン・ラーイ・クラン・カォ・コー・マイ・カォチャイ
何度教えても、彼は理解しません。

[単語] เมื่อ[mɯ̂ːa ムーア]〜するとき　หิวน้ำ[hǐw náam ヒゥナーム]のどが渇く　ก่อน[kɔ̀ɔn コーン]〜する前　หลัง (จาก)[lǎŋ (càak) ラン(・チャーク)]〜した後　ตื่นนอน[tɯ̀ɯn nɔɔn トゥーンノーン]目覚める、起床する　ล้าง[láaŋ ラーン]（手や顔を）洗う　หน้า[nâa ナー]顔　ถ้า[thâa ター]もし〜　ปรึกษา[prɯ̀ksǎa プルックサー]相談する　(ถึง) แม้ ว่า[(thɯ̌ŋ) mɛ́ɛ wâa (トゥン・)メー・ワー]たとえ〜であれ

126

タイに行く前に、何をすればいいですか？ 25課

> ここまで学んだみなさんには説明不要ですが、これから出てくる構文に、いわゆる「時制の一致」はありません、念のために。

1 時を表す接続詞

「するとき（〜したとき）」「〜する前」「〜した後」など時を表す接続詞は次のような語を使います。

> เมื่อ [mûːa ムーア] 〜するとき / 〜したとき
> เวลา [weelaa ウェーラー] 〜するとき / 〜したとき
> ก่อน (ที่) [kɔ̀ɔn (thîi) コーン（・ティー）] 〜する前、〜の前
> หลัง (จาก) [lǎŋ (càak) ラン（・チャーク）] 〜する後、〜した後

เมื่อ ไป อยุธยา พบ เพื่อน โดย บังเอิญ
mûːa pay ayútthayaa phóp phɯ̂ːan dooy baŋ əən
ムーア・パイ・アユタヤー・ポップ・プーアン・ドーイ・バンウーン
アユタヤに行ったとき、偶然友人に会った。

この部分が「偶然に」を表す
この部分を「アユタヤに行ったとき」を文末に置くこともできる

เวลา อยาก ไป ห้องน้ำ บอก มา เร็วๆ ซิ
weelaa yàak pay hɔ̂ŋnáam bɔ̀ɔk maa rew rew sí
ウェーラー・ヤーク・パイ・ホンナーム・ボーク・マー・レオ・レオ・シ
トイレに行きたいときははやく言いなさい。

ก่อน (ที่) ซื้อ อะไร ก็ ควร คิด ว่า จะ จำเป็น หรือ เปล่า
kɔ̀ɔn (thîi) sɯ́ɯ aray kɔ̂ɔ khuan khít wâa cà campen rɯ̌ɯ plàaw
コーン（・ティー）・スー・アライ・コー・クアン・キット・ワー・チャ・チャンペン・ルー・プラオ
何か買う前に必要かどうか考えた方がいい。

หลัง ไป เที่ยว เมืองไทย แล้ว เริ่ม เรียน ภาษา ไทย
lǎŋ pay thîːaw mɯaŋ thay lɛ́ɛw rɤ̂ɤm riːan phaasǎa thay
ラン・パイ・ティーアオ・ムーアンタイ・レーオ・ルーム・リーアン・パーサー・タイ
タイへ旅行した後、タイ語を勉強し始めた。

単語 บังเอิญ [baŋ əən バンウーン] 偶然　จำเป็น [campen チャンペン] 〜が必要だ　เริ่ม [rɤ̂ɤm ルーム] 始める

2 仮定や譲歩を表す接続詞

「もし〜ならば」「たとえ〜でも」など仮定や譲歩を表す接続詞は次のような語を使います。

127

25課　タイに行く前に、何をすればいいですか？

ถ้า [thâa ター] もし～
ถ้า (หาก ว่า) [thâa (hàak wâa) ター(・ハーク・ワー)] もし (仮に)
(ถึง) แม้ ว่า ～ ก็ … [(thǔŋ) mɛ́ɛ wâa ～ kɔ̂ɔ …(トゥン・)メー・ワー ～ コー…]
たとえ～であれ…だ
แม้แต่ ～ ก็ … [mɛ́ɛ tɛ̀ɛ ～ kɔ̂ɔ メーテー ～ コー …] ～でさえ…だ
▲ 名詞が続く

ถ้า (หาก ว่า) ป่าไม้ ถูก ทำลาย สิ่ง มี ชีวิต จะ เป็น อย่างไร
thâa (hàak wâa) pàamáy thùuk tham laay sìŋ mii chiiwít cà pen yàaŋray
ター(・ハーク・ワー)・パーマイ・トゥーク・タムラーイ・シン・ミー・チーウィット・チャ・ペン・ヤーンライ
もし仮に森林が破壊されたら、生命をもつものはどうなるのでしょうか？

ถึง แม้ ว่า จะ เป็น ร้าน เล็ก ก็ ขาย ดี มาก
thǔŋ mɛ́ɛ wâa cà pen ráan lék kɔ̂ɔ khǎay dii mâak
トゥン・メー・ワー・チャ・ペン・ラーン・レック・コー・カーイ・ディー・マーク
たとえ小さな店でも、とてもよく売れている。

แม้ ว่า จะ ลำบาก ยังไง ก็ น่า จะ ได้ กำไร ชีวิต
mɛ́ɛ wâa cà lambàak yaŋŋay kɔ̂ɔ nâa cà dây kamray chiiwít
メー・ワー・チャ・ランバーク・ヤンガイ・コー・ナー・チャ・ダイ・カムライ・チーウィット
たとえ、どんなに困難でも、貴重な体験になるはずです。

แม้แต่ ครู ก็ ไม่ เข้าใจ　　先生でさえ、理解できない。
mɛ́ɛ tɛ̀ɛ khruu kɔ̂ɔ mây khâwcay メーテー・クルー・コー・マイ・カオチャイ

[単語] ป่าไม้ [pàa máy パーマイ] 森林 (ป่า [pàa パー] 森　ไม้ [máy マイ] 木)　ทำลาย [tham laay タムラーイ] 破壊する　สิ่ง [sìŋ シン] もの、こと　ชีวิต [chiiwít チーウィット] 生命、人生　เล็ก [lék レック] 小さい　ยังไง [yaŋŋay ヤンガイ] どんな (= อย่างไร [yàaŋray ヤーンライ] P70の短縮形)　กำไร ชีวิต [kamray chiiwít カムライ・チーウィット] 人生の利益（お金で買えない貴重な体験のこと）　น่า จะ [nâa cà ナー・チャ] ～すべき、～のはず (P79 ควร จะ [khu:an cà クーアン・チャ] ～と似た表現)

■時や仮定を表す接続詞に続く文が述部になります。

ก่อน ไป เมืองไทย จะ ทำ อะไร ดี
<u>kɔ̀ɔn pay mɯ:aŋ thay</u>　<u>cà tham aray dii</u> コーン・パイ・ムーアンタイ・チャ・タム・アライ・ディー
　　主部　　　　　　　　述部
タイに行く前には、何をすればいいですか？

128

タイに行く前に、何をすればいいですか？　25課

練習問題 25

1　単語練習：次の日本語をタイ語にして、発音してみましょう。

①〜するとき　②〜する前　③〜した後　④もし〜　⑤たとえ〜でも
⑥起床する　⑦（手や顔を）洗う　⑧のどが渇く　⑨偶然に　⑩始める
⑪相談する　⑫小さい

2　次のタイ語を和訳してください。

① ก่อน กิน ข้าว ต้อง ล้าง มือ ทุก ครั้ง
kɔ̀ɔn kin khâaw tɔ̂ŋ láaŋ mɯɯ thúk khráŋ
コーン・キン・カーオ・トン・ラーン・ムー・トゥック・クラン

② หลัง จาก ทำ งาน เสร็จ แล้ว ก็ จะ กลับ บ้าน
lăŋ càak tham ŋaan sèt lɛ́ɛw kɔ̂ cà klàp bâan
ラン・チャーク・タムガーン・セット・レーオ・コー・チャ・クラップ・バーン

③ ถ้า มี ปัญหา อะไร อีก ก็ มา หา ผม ได้
thâa mii panhăa aray ìik kɔ̂ maa hăa phŏm dâay
ター・ミー・パンハー・アライ・イーク・コー・マー・ハー・ポム・ダイ

解答はP155

文法のポイント

会話では言いたい（強調したい）部分（述部）は話者によってまちまちです。前の課でタイ語の語順を整理しましたが、実際はニュアンスによって主部・述部の位置が変わることもありえます。その手がかりのひとつとして、強調したい語を強く発音したり、一呼吸（ポーズ）を入れたりして主部と述部を（意識的に）区切っていることも考えられます。タイ語は文法（特に品詞の性格や時制の変化）が曖昧です。英文法の知識だけに頼らず、いろいろな発想でタイ語を肌で感じてみましょう。

วันนี้	ฝน	อาจจะ	ไม่	ตก	今日、雨はたぶん降らないでしょう。
wan níi	fŏn	àat cà	mây	tòk	ワンニー・フォン・アーチャ・マイ・トック
主語	主語	助動詞	否定	動詞	「雨はたぶん降らない」こと全体を強調
主部		述部			

วันนี้	ฝน	อาจจะ	ไม่	ตก	今日雨は、たぶん降らないでしょう。
wan níi	fŏn	àat cà	mây	tòk	
	主部	述部			「たぶん降らない」の「たぶん」を強調

วันนี้	ฝน	อาจจะ	ไม่	ตก	今日雨はたぶん、降らないでしょう。
wan níi	fŏn	àat cà	mây	tòk	
	主部		述部		「降らない」ことを強調

129

接続詞と前置詞

接続詞

日本語	タイ語	日本語	タイ語
しかし（逆接）3課	แต่ tὲɛ テー	〜と（言う）（引用）22課	ว่า wâa ワー
または（選択）4課	หรือ rɯ̌ɯ ルー	関係代名詞 23課	ที่ thîi ティー
そして（並列）11課	และ lɛ́ レ	〜のとき（時）25課	เมื่อ mɯ̂ːa ムーア
なぜなら（理由）14課	เพราะ phrɔ́ プロ	〜の前（時）25課	ก่อน kɔ̀ɔn コーン
だから（理由）14課	ก็ เลย kɔ̂ɔ ləəy コー・ルーイ	〜の後（時）25課	หลัง (จาก) lǎŋ(càak) ラン（・チャーク）
	จึง cɯŋ チュン	もし〜なら（仮定）25課	ถ้า thâa ター
〜のために（目的）14課	เพื่อ phɯ̂ːa プーア	たとえ〜でも（譲歩）25課	แม้ ว่า mέɛ wâa メー・ワー

短縮表現

どのように	อย่างไร [yàaŋray ヤーンライ] ⇒ ยังไง [yaŋŋay ヤンガイ]
このように	อย่าง นี้ [yàaŋ níi ヤーン・ニー] ⇒ ยังงี้ [yaŋŋíi ヤンギー]
その（あの）ように	อย่าง นั้น [yàaŋ nán ヤーン・ナン] ⇒ ยังงั้น [yaŋŋán ヤンガン]

接続詞と前置詞

148 前置詞

日本語	タイ語	日本語	タイ語
〜から（時間） 7課	ตั้งแต่ tâŋ tɛ̀ɛ タンテー	〜のあたりに 20課	แถว thɛ̌w テオ
まで（時間・距離） 7課	ถึง thɯ̌ŋ トゥン	〜の後 25課	หลัง lǎŋ ラン
〜と 11課	กับ kàp カップ	*〜に至るまで	จน con チョン
〜から（距離） 10課	จาก càak チャーク	*〜に向かって	สู่ sùu スー
〜に対し 17課	ให้ (แก่) hây (kɛ̀ɛ) ハイ（・ケー）	*〜の間 （AとBの間）	ระหว่าง rawàaaŋ ラワーン
〜以外に 13課	นอกจาก nɔ̂ɔk càak ノークチャーク	*〜中 （年中　等）	ตลอด talɔ̀ɔt タロート
〜に関して 13課	เกี่ยวกับ kìaw kàp キーアオカップ	*〜以外 （例外）	ยกเว้น yók wén ヨックウエン
〜によって（方法） 13課	โดย dooy ドーイ	*〜に対して	ต่อ tɔ̀ɔ トー
〜で（道具） 13課	ด้วย dûːay ドゥーアイ	〜にしたがって 23課	
〜のため （特定対象のため） 14課	สำหรับ sǎmràp サムラップ	*〜沿いに	ตาม taam ターム
〜の代わりに 20課	แทน thɛɛn テーン	*あらゆる場所で	

*は本書に出てこないもの

Part 1
タイ文字を読む

ポイント
ここでは、本文に出てきた単語をタイ文字で読むことを目指します。個々の発音の違いや声調はすべて無視し、文字を読むことだけに集中しましょう。

🔊149 **❶ タイ文字の構成**

タイ語は子音文字＋母音文字（パターン1）、または子音文字＋母音文字＋子音文字（パターン2）で構成され、それに声調が加わり単音節を形成します。1、2の最初の子音[ph]と[n]を頭子音文字、2の最後に付く子音[ŋ]を末子音文字といいます。

（パターン1）

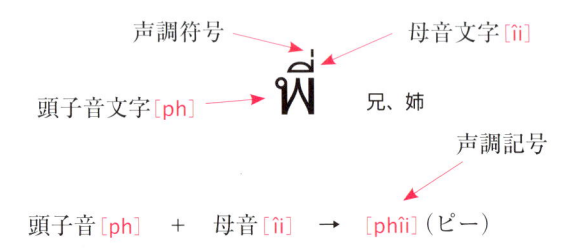

声調符号 → พี่ ← 母音文字[îi]
頭子音文字[ph] ↗　　　兄、姉
　　　　　　　　　　　声調記号 ↘

頭子音[ph] ＋ 母音[îi] → [phîi]（ピー）

（パターン2）

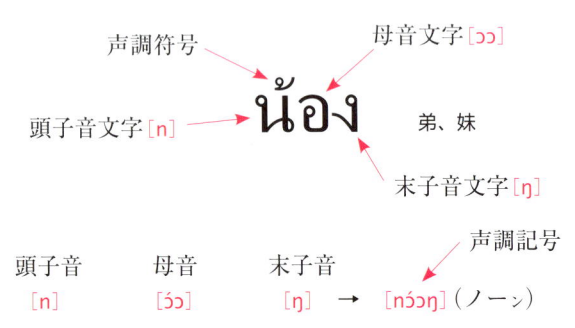

声調符号 → น้อง ← 母音文字[ɔɔ]
頭子音文字[n] ↗　　　弟、妹
　　　　　　　末子音文字[ŋ] ↗
　　　　　　　声調記号 ↗

頭子音　　母音　　末子音
 [n]　　　[ɔɔ]　　 [ŋ]　→　[nɔ́ɔŋ]（ノーン）

พี่ น้อง [phîi nɔ́ɔŋ ピー・ノーン] きょうだい

　　　　　　　　　　　　　声調符号がない場合もたくさんある
パターン1　| 頭子音文字＋母音文字 | ＋ | 声調符号 |
パターン2　| 頭子音文字＋母音文字＋末子音文字 | ＋ | 声調符号 |

注意：タイ語は母音文字から書き始めません。母音から始まる単語の前には子音文字 อ を付けます。

Part 1 タイ文字を読む

150 ❷子音文字

子音文字は全部で 42 文字ですが、この中に、あまり使わない古代インド語の音写文字（外来語用文字）があります。ここでは、外来語用文字も含め、本書で出てきた 33 文字を読めるようにしましょう。

すべての文字をアルファベット順に並べた一覧表は P145 に掲載しています。

→ サンスクリット語、パーリー語のこと

本書で出てきた 33 文字 ← これだけで十分

頭子音文字 → タイ語のアルファベットはすべて「オー」を付けて読む
（母音 [ɔɔ オー] を付けて発音し、文字を覚えましょう）

ก	ข	ค	ง				
k	kh	kh	ŋ				

＊外来語用文字

จ	ฉ	ช	ซ	ย	ญ*		
c	ch	ch	s	y	y		

ด	ต	ถ	ท*	ธ	น	ณ*	
d	t	th	th	th	n	n	

บ	ป	ผ	พ	ภ*	ฝ	ฟ	ม
b	p	ph	ph	ph	f	f	m

ร	ล	ว	ศ*	ษ*	ส	ห	อ
r	l	w	s	s	s	h	?

อ → 母音文字の前に付く子音文字

＊ฎ[d]は P61 の単語「7 月」に、ฐ[th]は P83 の単語「応急手当」にしか出てこないので、この 2 文字はあとから覚えても大丈夫です（この文字を使う単語も限られています）。

133

Part 1　タイ文字を読む

練習1　単語を読んでみよう

さっそく本文に出てきた単語を読んでみましょう。

まずは、パターン1の 頭子音文字＋母音文字 からです。母音文字は า [aa アー] を使います。

① ชา　② มา　③ ยา　④ หา　⑤ ภาษา

解答 ① chaa チャー「お茶」　② maa マー「来る」　③ yaa ヤー「薬」　④ hǎa ハー「訪ねる」　⑤ phaa sǎa パーサー「言葉、〜語」　→ ⑤は2音節語(「パー」と「サー」)

■ Part 1では一応、声調符号(P135, 142)や声調記号を付けますが、しばらく無視してください。

末子音文字

末子音文字は頭子音文字に出てきた文字を使います(末子音専用の文字はありません)。

末子音	一般			その他			
平音節							
−ŋ	ง						
−n	น	ญ(ヤ行)	ณ(ナ行)		ร	ล(ラ行)	
−m	ม						
−y	ย						
−w	ว						

その他 → 外来語によく使う
rとlは末子音ではnになる

末子音	一般			その他			
促音節							
−k	ก	ข	ค(カ行)				
−t	ด	จ	ช(チャ行)				
		ต	ถ	ท	ธ(タ行)		
		ซ	ส	ศ	ษ(サ行)		
−p	บ	ป	พ(パ行)				
		ฟ(ファ行)					

外来語によく使う

Part 1 タイ文字を読む

(152) 練習2 単語を読んでみよう。

次はパターン2 頭子音文字＋母音文字＋末子音文字 です。母音文字は าー[aa アー]を使います。

① มาก ② บาท ③ ลาว ④ ทาง ⑤ งาน ⑥ ถาม ⑦ ขาย ⑧ อาบ

解答 ① mâak マーヶ「とても」　② bàat バート「バーツ（タイの通貨）」　③ laaw ラーォ「ラオス」　④ thaaŋ ターン「方向」　⑤ ŋaan ガーン「仕事」　⑥ thǎam タ－ム「質問する」　⑦ khǎay カーィ「売る」　⑧ àap アーブ「浴びる」　←母音文字から始まっていないことに注意

(153) 声調符号

パターン1, 2とも単音節には原則、1つの声調符号が付きます（平音節のみに付けます）。声調符号は4つありますが、たとえば、第1符号（マイエーク）が付いた音節は常に低声（àa）になるという意味ではありません。声調符号が変われば「同じ綴りでも意味と声調が変わる」とだけ覚えておいてください。

←声調符号は日本語の濁音（パ）・半濁音（パ）同様文字の一部（記号ではない）

種類	呼称	声調符号	声調記号
符号なし	－	อา	aa
第1符号	マイ・エーク	อ่า	àa
第2符号	マイ・トー	อ้า	âa
第3符号	マイ・トリー	อ๊า	áa
第4符号	マイ・チャッタワー	อ๋า	ǎa

(154) 練習3 単語を読んでみよう。

次はパターン1, 2に声調符号が付いた単語を読んでみましょう。母音文字は าー[aa アー]を使います。

① ว่า ② ป่า ③ ป้า ④ ถ้า ⑤ บ้าน ⑥ อ่าน ⑦ ล้าง ⑧ ห้าม ⑨ ข้าว ⑩ ซ้าย

←同じ綴りでも声調符号が変わると声調と意味が変わる

解答 ① wâa ワー「～と(言う)」　② pàa パー「森」　③ pâa パー「伯母」　④ thâa ター「もし～」　⑤ bâan バーン「家」　⑥ àan アーン「読む」　⑦ láaŋ ラーン「洗う」　⑧ hâam ハーム「禁止する」　⑨ khâaw カーォ「米、ご飯」　⑩ sáay サーィ「左」

Part 1 タイ文字を読む

子音の連続
頭子音が連続して現れるパターンが3とおりあります。

①二重子音
P14でも述べたように二重子音とは頭子音が2つ連続したものです。

最初の子音		2番目の子音
① ก[k]　② ข ค[kh]	+	ร[r]　ล[l]　ว[w]
③ ป[p]　④ ผ พ[ph]	+	ร[r]　ล[l]　＊pw, phwはありません
⑤ ต[t]	+	ร[r]　＊tはrとの組み合せだけです

＊二重子音の場合、声調符号は2番目の子音文字の上に付けます。

練習4 単語を読んでみよう。

二重子音の単語を読んでみましょう。母音文字は◌ะ[a ア]（短母音）とา[aa アー]（長母音）を使います。

① กว่า　② ขวา　③ ความ　④ กลาง　⑤ ปลา　⑥ พระ　⑦ ประมาณ

解答　① kwàa クワー「～より（比較級）」　② khwǎa クワー「右」　③ khwaam クワーム「事、内容」　④ klaaŋ クラーン「中央」　⑤ plaa プラー「魚」　⑥ phrá プラ「僧」　⑦ pramaan プラマーン「約～」

②声調を変える連続子音

1　อ + 子音

อ（母音文字の前に付く子音）と ย[y] が連続するもの（下の4つだけ⇨すべて本文にあります）

อยาก[yàak ヤーク]「～したい」	อย่าง[yàaŋ ヤーン]「種類」
อย่า[yàa ヤー]「～しないで」	อยู่[yùu ユー]「いる、ある」

อ がないと ยาก[yâak]「難しい」のように声調が変わる（声調が変わるから意味も変わる）

2　ห + 子音（最初の ห[h] は読まない）

ห[h]に　ง[ŋɔɔ]　ญ[yɔɔ]　น[nɔɔ]　ม[mɔɔ]　ย[yɔɔ]　ร[rɔɔ]　ล[lɔɔ]　ว[wɔɔ]

が連続するもの（P145で低子音2と記した文字 ณ と ฬ を除く）。

⇨ หง[ŋɔ̌ɔ]　หญ[yɔ̌ɔ]　หน[nɔ̌ɔ]　หม[mɔ̌ɔ]　หย[yɔ̌ɔ]　หร[rɔ̌ɔ]

Part 1　タイ文字を読む

หล [lǒɔ]　หว [wǒɔ]

＊二重子音同様、声調記号は อ、ห の次の子音に付けます。

(157) 練習5　単語を読んでみよう。

ห + 子音 を読む練習をしておきましょう。母音文字は า [aa アー] を使います。

① หมา　② หนาว　③ หวาน　④ หลาย

解答 ① mǎa マー「犬」　② nǎaw ナーォ「寒い」　③ wǎan ワーン「甘い」　④ lǎay ラーィ「多くの」　ห[h]がなく มา[maa]だと「来る」

(158) ③母音 ะ[a ア] を省略したもの

たとえば สบาย [sabaay サバーィ]「元気」は สะ[sa サ] + บาย [baay バーィ] のようにふたつの単音節で成り立っていますが、最初の音節が子音+母音 ะ[a ア] の場合、ะ[a ア] を省略することがあります。ะ[a ア] を省略しない単語もあるので、このパターンは単語ごとに覚えましょう。省略した母音 ะ[a ア] に声調はありません。

(159) 練習6　単語を読んでみよう。

母音 ะ[a ア] を省略した単語を読んでみましょう。2音節目以降の母音文字は า [aa アー] を使います。

① ตลาด　② ธนาคาร　③ พยายาม　　それぞれの語の a の文字 ะ が省略

解答 ① talàat タラート「市場」　② thanaakhaan タナーカーン「銀行」　③ phayaayaam パヤーヤーム「努力する」

137

Part 1　タイ文字を読む

🔊160　**❸ 母音文字**

　母音文字は短母音と長母音に分かれ、それぞれ末子音のある場合とない場合で少し書き方が異なります。具体的に表を見ながら組み合わせ方を個々に確認しましょう。

頭子音文字 ก [k]、末子音文字 น [n] の例です

発音記号	短母音 末子音がない場合	短母音 末子音がある場合	発音記号	長母音 末子音がない場合	長母音 末子音がある場合
a ア	กะ ka カ	กัน kan カン	aa アー	กา kaa カー	กาน kaan カーン
i イ	กิ ki キ	กิน kin キン	ii イー	กี kii キー	กีน kiin キーン
ɯ ウ	กึ kɯ ク	กึน kɯn クン	ɯɯ ウー	กือ kɯɯ クー	กืน kɯɯn クーン
u ウ	กุ ku ク	กุน kun クン	uu ウー	กู kuu クー	กูน kuun クーン
e エ	เกะ ke ケ	เก็น ken ケン	e エー	เก kee ケー	เกน keen ケーン
ɛ エ	แกะ kɛ ケ	แก็น kɛn ケン	ɛɛ エー	แก kɛɛ ケー	แกน kɛɛn ケーン
o オ	โกะ ko コ	กน kon コン	o オー	โก koo コー	โกน koon コーン
ɔ オ	เกาะ kɔ コ	ก็อน kɔn コン	ɔɔ オー	กอ kɔɔ コー	กอน kɔɔn コーン
ə ウ	เกอะ kə ク	เกิน kən クン	əə ウー	เกอ kəə クー	เกิน kəən クーン

次の①〜⑥に注意しましょう

① **กัน** [kan] は **กะน** でない。
② **กือ** [kɯɯ] は **กื** でない。
③ **กน** [kon] には母音文字がない。
④ **ก็อน** [kɔn] に声調符号が付くと ็ が取れる（練習問題7（ステップ6）で練習します）。
⑤ **เกาะ** [kɔ] と **เกอะ** [kə] をしっかり区別しましょう。
⑥ **เกิน** は [kən]（短母音）と [kəən]（長母音）の両方に使います。

138

Part 1 タイ文字を読む

🔊161 二重母音と特別母音

P12で学んだ二重母音と、母音 (a, əə) と末子音 (y, m, w) がセットになった特別母音を覚えましょう。

頭子音文字 ก[k]、末子音文字 น[n]の例

二重母音

発音記号	末子音がない場合	末子音がある場合
i:a イーァ	เกีย ki:a キーァ	เกียน ki:an キーァン
ɯ:a ウーァ	เกือ kɯ:a クーァ	เกือน kɯ:an クーァン
u:a ウーァ	กัว ku:a クーァ	กวน ku:an クーァン

頭子音文字 ก[k]の例

特別母音

発音記号	綴り
ay アィ	ใก kay カィ
ay アィ	ไก kay カィ
am アム	กำ kam カム
aw アォ	เกา kaw カォ
əəy ウーィ	เกย kəəy クーィ

古代インドの借用語ではない（造語）

ไทย [thay タィ] の ย は読みません。

再読文字 → 単語ごとに覚えるのがコツ

第1音節の末子音が第2音節の頭子音になるケースがあります。下の例は第1音節の末子音 ล[n]が、第2音節の頭子音 ละ[la]となって再読されています。

例 ผลไม้ [phǒnlamáay ポンラマーィ] くだもの = ผล [phǒn] + ละ [la] + ไม้ [máay]

再読する子音に付く母音は常に [a] で声調はなし

黙字符号

外来語のタイ文字で表記する際、発音できない文字の上に黙字符号（カーラン）を付けます。

例 อาจารย์ [aacaan アーチャーン] 先生

サンスクリット語の「アーチャルーヤ（師）」から（ヤ⇒ ย[y]が読めない）

特別文字 ก็ と ฤ

① ก็「〜も」は単独で kɔ̂ɔ（コー）と発音します。
② ฤ は1文字で [r + 母音] を表します。続く母音は単語によって変わりますが、本書に出てきた「木曜日」「5月」「11月」「英国」と ฤดู [rúduu ルドゥー]「季節」を覚えておけば十分です。

139

Part 1　タイ文字を読む

練習7　単語を読んでみよう

　ここからは一般母音、二重母音、特別母音に、子音文字の連続なども絡めた総合練習です。

(162) ステップ1

① นี่　② นั่น　③ โน่น　④ ผม　⑤ คุณ　⑥ เป็น
⑦ คือ　⑧ ชอบ　⑨ แต่　⑩ เผ็ด　⑪ เดิน　⑫ คน

[解答] ① nîi ニー「これ」　② nân ナン「それ」　③ nóon ノーン「あちらの」　④ phǒm ポム「私 (男性)」　⑤ khun クン「あなた」　⑥ pen ペン「属す、〜になる」　⑦ khɯɯ クー「すなわち」　⑧ chɔ̂ɔp チョープ「好きな」　⑨ tɛ̀ɛ テー「しかし」　⑩ phèt ペット「辛い」　⑪ dəən ドゥーン「歩く」　⑫ khon コン「人」

(163) ステップ2

　連続した子音の読み方を練習しましょう。

① เพราะ　② ครั้ง　③ แปล　④ เพลง　⑤ อยาก　⑥ หรือ
⑦ หมอ　⑧ สนุก　⑨ ขนม　⑩ ตรง　⑪ หนังสือ　⑫ อธิบาย

[解答] ① phrɔ́ プロ「なぜなら」　② khráŋ クラン「回」　③ plɛɛ プレー「訳す」　④ phleeŋ プレーン「歌」　⑤ yàak ヤーク「〜したい」　⑥ rɯ̌ɯ ルー「または」　⑦ mɔ̌ɔ モー「医師」　⑧ sanùk サヌック「楽しい」　⑨ khanǒm カノム「お菓子」　⑩ troŋ トロン「ちょうど」　⑪ nǎŋsɯ̌ɯ ナンスー「本」　⑫ athíbaay アティバーイ「説明する」

(164) ステップ3

　二重母音や特別母音を使った単語を読んでみましょう。

① เรียน　② เพื่อน　③ ไป　④ เคย　⑤ เปล่า　⑥ เหล้า
⑦ ด้วย　⑧ กำลัง　⑨ เพื่อ　⑩ อ้วน　⑪ เครื่อง　⑫ เข้าใจ

[解答] ① ri:an リーアン「学ぶ」　② phɯ̂:an プーアン「友達」　③ pay パイ「行く」　④ khəəy クーイ「〜したことがある」　⑤ plàw プラオ「ちがう、何でもない」　⑥ lâw ラオ「酒」　⑦ dûːay ドゥーアイ「〜も」　⑧ kamlaŋ カムラン「〜している最中」　⑨ phɯ̂ːa プーア「〜のために」　⑩ ûːan ウーアン「太っている」　⑪ khrɯ̂ːaŋ クルーアン「機械」　⑫ khâwcay カオチャイ「理解する」

(165) ステップ4

　再読文字を含んだ単語を読む練習をしましょう。

① พัทยา　② มกรา　③ มหาวิทยาลัย　④ พจนานุกรม
⑤ อยุธยา

Part 1　タイ文字を読む

解答　① phátthaayaa パッタヤー「パタヤ（地名）」　② mókkaraa モッカラー「1月」　③ mahǎawítthayaalay マハーウィッタヤーライ「大学」　④ phótcanaanúkrom ポッチャナーヌクロム「辞書」　⑤ ayútthayaa アユッタヤー「アユタヤ（地名）」

166　ステップ5
文法上重要な単語を読んでみましょう。

① อะไร　② ใคร　③ ที่ไหน　④ เท่าไร　⑤ กี่โมง
⑥ กี่ชั่วโมง　⑦ อย่างไร　⑧ ทำไม　⑨ เมื่อไร　⑩ แล้ว

解答　① aray アライ「何？」　② khray クライ「誰？」　③ thîi nǎy ティーナイ「どこで？」　④ thâwray タォライ「いくら？」　⑤ kìi mooŋ キー・モーン「何時？」　⑥ kìi chûːa mooŋ キー・チューァモーン「何時間？」　⑦ yàaŋray ヤーンライ「どのように？」　⑧ thammay タンマィ「どうして？」　⑨ mûːaray ムーァライ「いつ？」　⑩ lɛ́ɛw レーォ「すでに〜（完了）」

167　ステップ6　→規則がないので単語ごとに覚えるしかない
声調符号が付くことで短母音で発音する単語を読んでみましょう。

① ค่อยๆ　② ต้อง　③ เก่ง　④ หน่อย　⑤ อร่อย

解答　① khôy khôy コィ・コィ「少しずつ」　② tɔ̂ŋ トン「〜しなければならない」　③ kèŋ ケン「うまい、すごい」　④ nɔ̀y ノィ「少し」　⑤ arɔ̀y アロィ「おいしい」

168　ステップ7
本文にも記した一部例外的読み方をする単語です（すべて重要語です、そのまま覚えてしまいましょう）。

① กรุณา　② ทราบ　③ เสร็จ　④ บริษัท　⑤ อังกฤษ
⑥ วันพฤหัส

解答　① karúnaa カルナー（丁寧な依頼）　② sâap サープ「存じている」　③ sèt セット「終わる」　④ bɔɔrisàt ボーリサット「会社」　⑤ aŋkrìt アンクリット「英国」　⑥ wan phrúhàt ワンプルハット「木曜日」

注意！
Part 1では文字の組み合わせだけを覚えてください。たとえば、**อ้วน** を見たときˆは見るだけにとどめ、ûːan（ウーァン）と読めるように練習しましょう。ûːan の û と綴りの関係（Part 2のこと）はひとまず考えないことがコツです。

141

Part 2
声調規則

ポイント
ここでは、声調規則を学びましょう。タイ語は文字の組み合わせで各音節の声調が判別できます。すべて本文に出てきた単語を掲げているので、単語そのものを覚えながら声調を確認すると効率的です。

❶ 声調を決める手順
P145 の子音文字役割表を見ながら、下記の手順を覚えましょう。

手順 1 頭子音文字の 3 分類を見分ける
※タイ語の呼称の直訳。3種類の子音があることだけわかればいい

タイ語の子音は低子音、中子音、高子音に分類されます。最初に音節の最初の文字が 3 つのどれに属すかを見分けます。注意点は次の 2 つです。

（注意 1）P136 で述べた อ + ย [y] は中子音扱い（4単語しかない）、ห [h] + 低子音 2（หน [nɔ̆ɔ] など）は高子音扱いです。
（注意 2）二重子音は最初の頭子音にしたがいます（最初の子音が高子音なら高子音の音節です）。

手順 2 末子音の種類を見分ける（平音節か促音節か）
①末子音が促音節の場合⇨母音が長母音か短母音かを確認する。
②末子音が平音節の場合⇨声調符号を確認する。
※声調符号が付いていないものもある。促音節との混同に注意

（注意）末子音がない場合⇨長母音で終わる音節は平音節、短母音で終わる場合は原則として促音節に属します。

声調分類表

条件　　　　頭子音	平音節 声調記号なし	่	้	๊ (中子音のみに付く)	๋ (中子音のみに付く)	促音節 長母音	促音節 短母音 (原則として声調符号は付かない)
低子音	平声 aa	下声 âa	高声 áa			下声 âak	高声 ák
中子音	平声 aa	低声 àa	下声 âa	高声 áa	上声 ǎa	低声 àak	低声 àk
高子音	上声 ǎa	低声 àa	下声 âa			低声 àak	低声 àk

้ は促音節に付くこともあります（一般語彙以外に中華系の語彙や擬声語にもよく見られます）。

Part 2　声調規則

練習8　単語を読んでみよう。
　ここでは、声調分類表を見ながらどの声調になるか確認しましょう。

169　ステップ1
頭子音が低子音の場合
A　平音節
① มา　② เรียน　③ พ่อ　④ ง่าย　⑤ ซื้อ　⑥ ช้อน

B　促音節
B-1　長母音
⑦ ลูก　⑧ ยาก

B-2　短母音
⑨ พบ　⑩ รัก　⑪ และ

解答　① maa マー「来る」　② ri:an リーァン「学ぶ」　③ phɔ̂ɔ ポー「父」　④ ŋâay ガーイ「簡単な」　⑤ sɯ́ɯ スー「買う」　⑥ chɔ́ɔn チョーン「スプーン」　⑦ lûuk ルーク「子供」　⑧ yâak ヤーク「難しい」　⑨ phóp ポップ「会う」　⑩ rák ラック「愛する」　⑪ lɛ́ レ「そして」

170　ステップ2
頭子音が中子音の場合
A　平音節
① ดู　② ตอน　③ กี่　④ อยู่　⑤ ป้า　⑥ บ้าน　⑦ เดี๋ยว

B　促音節
B-1　長母音
⑧ จอด　⑨ อาบ

B-2　短母音
⑩ ตก　⑪ กลับ　⑫ จะ　⑬ โต๊ะ

解答　① duu ドゥー「見る」　② tɔɔn トーン「〜のとき」　③ kìi キー「いくつの」　④ yùu ユー「いる、ある」　⑤ pâa パー「伯母」　⑥ bâan バーン「家」　⑦ dǐ:aw ディーァオ「すぐ」　⑧ cɔ̀ɔt チョート「駐車する」　⑨ àap アープ「（水を）浴びる」　⑩ tòk トック「降りる」　⑪ klàp クラップ「帰る」　⑫ cà チャ（未確定な事柄を表す助動詞）　⑬ tó ト「机」

促音節に第3声調符号が付くことがある（低声を高声に変える）

143

Part 2　声調規則

🔊171　**ステップ3**
頭子音が高子音の場合

A　平音節

① ขอ　② หิว　③ สี่　④ หนึ่ง　⑤ ผ้า　⑥ ขึ้น

B　促音節
B-1　長母音

⑦ สอบ　⑧ ถูก

B-2　短母音

⑨ เผ็ด　⑩ ขับ

[解答] ① khɔ̌ɔ コー「～をください」　② hǐw ヒゥ「空腹な」　③ sìi シー「4」　④ nùŋ ヌン「1」　⑤ phâa パー「衣類」　⑥ khûn クン「上がる」　⑦ sɔ̀ɔp ソープ「試験」　⑧ thùuk トゥーク「安い、～される」　⑨ phèt ペット「辛い」　⑩ khàp カップ「運転する」

▪️次の2語は規則表では上声ですが、会話では高声になることが多く本書では高声で記載しています。上声の高声化は他にもありますが、下記の2語以外は規則どおりの声調記号を付けます。

ดิฉัน [dichán ディチャン] 私（女性）　　เขา [kháw カォ] 彼、彼女

規則上は ǎ

第二音節の変化　連続する子音の間に入るのは声調のない ะ [a ァ] (P137)

高子音（中子音）＋低子音2が連続する場合、第2音節は高子音・中子音の声調規則になります。

[例] ตลาด [talàat タラート]「市場」

→ この部分が中子音で始まる音節になる（[talâat]（下声）ではない）

🔊172　**練習9**　単語を読んでみよう

最後に複音節の声調変化を確認しておきましょう。

① สนุก　② ขนม　③ อร่อย　④ พม่า

下線部の声調に注目

[解答] ① sanùk サヌック「楽しい」　② khanǒm カノム「お菓子」　③ arɔ̀y アロイ「おいしい」　④ phamâa パマー「ミャンマー」

④は最初の音節が低子音なので、第2音節への影響はない（phamàa（低声）にならない）

Part 2　声調規則

子音文字役割表

	文字	頭子音としての発音と種類		末子音としての発音と種類			文字	頭子音としての発音と種類		末子音としての発音と種類	
1	ก	k	中子音	k	促音節	22	ฑ	th	低子音1	t	促音節
2	ข	kh	高子音	k	促音節	23	ฒ	n	低子音2	n	平音節
3	ค	kh	低子音1	k	促音節	24	บ	b	中子音	p	促音節
4	ฆ	kh	低子音1	k	促音節	25	ป	p	中子音	p	促音節
5	ง	ŋ	低子音2	ŋ	平音節	26	ผ	ph	高子音	–	–
6	จ	c	中子音	t	促音節	27	ฝ	f	高子音	–	–
7	ฉ	ch	高子音	–	–	28	พ	ph	低子音1	p	促音節
8	ช	ch	低子音1	t	促音節	29	ฟ	f	低子音1	p	促音節
9	ซ	s	低子音1	t	促音節	30	ภ	ph	低子音1	p	促音節
10	ฌ	ch	低子音1	t	促音節	31	ม	m	低子音2	m	平音節
11	ญ	y	低子音2	n	平音節	32	ย	y	低子音2	y	平音節
12	ฎ	d	中子音	t	促音節	33	ร	r	低子音2	n	平音節
13	ฏ	t	中子音	t	促音節	34	ล	l	低子音2	n	平音節
14	ฐ	th	高子音	t	促音節	35	ว	w	低子音2	w	平音節
15	ฑ	th	低子音1	t	促音節	36	ศ	s	高子音	t	促音節
16	ฒ	th	低子音1	t	促音節	37	ษ	s	高子音	t	促音節
17	ณ	n	低子音2	n	平音節	38	ส	s	高子音	t	促音節
18	ด	d	中子音	t	促音節	39	ห	h	高子音	–	–
19	ต	t	中子音	t	促音節	40	ฬ	l	低子音2	n	平音節
20	ถ	th	高子音	t	促音節	41	อ	ʔ	中子音		
21	ท	th	低子音1	t	促音節	42	ฮ	h	低子音1		

注記：網掛けの子音は本文で出てこなかったものです。これらの文字を使った単語は語数としては希少です。42番の子音は中華系の語彙によく使います。
ʔは母音で始まる語の前に付く子音文字 อ を表す記号と覚えましょう。

145

Part 3
例外綴り

ポイント

最後に例外的な綴りをみておきましょう。例外事項のほとんどが子音 ร[r] を使った単語です。本書に出てきた単語を優先して覚えましょう。

🎧173

❶ รร（ร が２連続で現れるもの）

①末子音がなければ [an] と読みます。

例 บรรดา [bandaa バンダー] 全体 ← [r]を再読していることも見逃さずに
　ภรรยา [phanrayaa パンラヤー] 妻 (P39)

②末子音があれば [a] と読みます。

例 ธรรมดา [thammadaa タンマダー] 普通、通常 → 末子音[m]（[m]が再読）

❷ ท[th] + ร[r] = [s] で発音する

例 ทราบ [sâap サープ] 存じる (P116)　　ทราย [saay サーィ] 砂

❸ 連続した頭子音で ร[r] を読まない例

①จร[cr]　สร[sr]　ศร[sr]　の ร[r] を読まない場合

例 จริง [ciŋ チン] 真の　เสร็จ [sèt セット] 終わる (P94)　เศร้า [sâw サォ] 悲しい
→ จร[cr]の例外はこの１単語だけ

②黙字符号（カーラン）を付けず ร[r] を読まない場合

例 สามารถ [sǎamâat サーマート] 能力がある　นามบัตร [naambàt ナームバット]
名刺　→ 「サーマーロット」と読まない

❹ 母音の発音が変わる場合

①คน [khon コン]「人」のように、母音を [o] で読まず [ɔɔ] で読む場合があります (-ɔɔn)。

例 ละคร [lakhɔɔn ラコーン] 劇　อักษร [àksɔ̌ɔn アックソーン] 文字

②P13 で母音 ะ[a ァ] を省略した重続文字を学びましたが、จ[c] บ[b] ม[m] ท[th] ธ[th] に ร[r] が続くとき、[a] でなく [ɔɔ] で読むものがあります (-ɔɔr)。

例 บริษัท [bɔɔrisàt ボーリサット] 会社 (P56)　จระเข้ [cɔɔrakhêe チョーラケー] ワニ
→ [barisàt パリサット] ではない

③見かけは二重子音でも読み方が異なる

กร[kr] や ปร[pr] は二重子音のパターンですが、ふたつの子音の間に [a] を入れて読みます。→ [krúnaa クルナー] ではない

例 กรุณา [karúnaa カルナー]（丁寧な依頼）(P110)　ปริมาณ [parimaan パリマーン] 量

Part 3　例外綴り

❺読まない母音文字

ติ ตุ มิ ฤ などの[i]や[u]は読まない場合があります。

例 ธรรมชาติ[thammachâat タンマチャート]自然　　สาเหตุ[săahèet サーヘート]原因

> 例外綴りを読む2大ポイント
> 単語をそのまま覚える
> ร[r]文字を使った単語に注目する

符号

3つの符号を確認しておきましょう。

①反復符号 ๆ（呼称：ヤモック）⇨強調等に使う

　มากๆ[mâak mâak マーク　マーク]とても、とても

②省略符号 ฯ（呼称：パイヤーンノーイ）

　กรุงเทพฯ[kruŋthêep クルンテープ]バンコク（4課）

③略符号 ฯลฯ（呼称：パイヤーンヤイ）

　ไทย จีน ญี่ปุ่น ฯลฯ[thay ciin yîpùn pen tôn タイ・チーン・イープン・ペン・トン]
　タイ、中国、日本など

เป็น ต้น[pen tôn ペン・トン]または และ อื่นๆ[lɛ́ ɯ̀ɯn ɯ̀ɯn レ・ウーン・ウーン]と読む

147

練習問題解答

練習問題 1 (P19)

(12)

1 ① นี่[nîi ニー] ② นี้[níi ニー] ③ นั่น[nân ナン] ④ นั้น[nán ナン] ⑤ ญี่ปุ่น[yîipùn イープン] ⑥ เป็น[pen ペン] ⑦ คือ[khɯɯ クー] ⑧ ไทย[thay タイ] ⑨ โรงเรียน[rooŋri:an ローンリーアン] ⑩ ปากกา[pàakkaa パークカー] ⑪ หนังสือ[nǎŋsɯ̌ɯ ナンスー] ⑫ ดี[dii ディー]

2 ①これは鉛筆です。
　②それ（あれ）はタイの本ではありません。
　③あちらが（すなわち）学校です。

練習問題 2 (P23)

(17)

1 ① ดิฉัน[dichán ディチャン]，ผม[phǒm ポム] ② คุณ[khun クン] ③ เขา[kháw カオ] ④ อาจารย์[aacaan アーチャーン] ⑤ นักเรียน[nák ri:an ナックリーアン] ⑥ ใคร[khray クライ] ⑦ ก็[kɔ̂ɔ コー] ⑧ เพื่อน[phɯ̂an プーアン] ⑨ หรือเปล่า[rɯ̌ɯ plàw ルー・プラオ] ⑩ ใช่ ไหม[chây mǎy チャイ・マイ] ⑪ ใช่[chây チャイ] ⑫ ไม่ ใช่[mây chây マイ・チャイ]

2 ①あなたは彼（彼女）の友達ですか？
　②彼（彼女）も学生でしょ？
　③これは誰の本ですか？

練習問題 3 (P27)

(22)

1 ① กิน[kin キン] ② อาหาร[aahǎan アーハーン] ③ ผลไม้[phǒnlamáay ポンラマーイ] ④ เผ็ด[phèt ペット] ⑤ ชอบ[chɔ̂ɔp チョープ] ⑥ อร่อย[arɔ̀y アロイ] ⑦ สวย[sǔ:ay スーアイ] ⑧ แต่[tɛ̀ɛ テー] ⑨ มาก[mâak マーク] ⑩ นิดหน่อย[nítnɔ̀y ニットノイ] ⑪ นะ[ná ナ] ⑫ เขียน[khǐ:an キーアン]

2 ①日本料理は辛くないです。
　②このくだものもおいしいですか？
　③あなたはタイの本が好きですか？

148

練習問題解答

練習問題 4（P31）

1 ① ไป [pay パィ]　② มา [maa マー]　③ เที่ยว [thîːaw ティーァォ]　④ กิน ข้าว [kin khâaw キン・カーォ]　⑤ สนุก [sanùk サヌック]　⑥ หรือ [rɯ̌ɯ ルー]　⑦ วันนี้ [wan níi ワンニー]　⑧ พรุ่งนี้ [phrûŋ níi プルンニー]　⑨ เมื่อวานนี้ [mûːa waan níi ムーァワンニー]　⑩ จะ [cà チャ]　⑪ กรุงเทพฯ [kruŋthêep クルンテープ]　⑫ เชียงใหม่ [chiːaŋmày チーァンマィ]　⑬ ภูเก็ต [phuukèt プーケット]

2 ①今日はタイ料理、または日本料理のどちらを食べに行きますか？（今日はタイ料理か日本料理を食べに行くつもりです）

②明日、彼（彼女）はチェンマイに遊びに行かないのですか？

③彼（彼女）は昨日タイに来たのですか？

練習問題 5（P35）

1 ① อะไร [aray アラィ]　② เท่าไร [thâwray タォラィ]　③ บาท [bàat バート]　④ ชื่อ [chɯ̂ɯ チュー]　⑤ อายุ [aayú アーユ]　⑥ ล่ะ [lâ ラ]　⑦ สาม สิบ เอ็ด [sǎam sìp èt サーム・シップ・エット]　⑧ สิบ แปด [sìp pɛ̀ɛt シップ・ペート]　⑨ สาม ร้อย ยี่ สิบ เอ็ด [sǎam rɔ́ɔy yîi sìp èt サーム・ローィ・イー・シップ・エット]　⑩ ห้า พัน เก้า ร้อย เอ็ด [hâa phan kâw rɔ́ɔy èt ハー・パン・カォ・ローィ・エット]　⑪ สี่ พัน สาม ร้อย ยี่ สิบ สอง [sìi phan sǎam rɔ́ɔy yîi sìp sɔ̌ɔŋ シー・パン・サーム・ローィ・イー・シップ・ソーン]

2 ①彼（彼女）は日本人でしょ？

②このタイ料理は何という名前ですか？

③あなたの先生はおいくつですか？（年齢はいくつですか？）

練習問題 6（P43）

1 ① นี้ [níi ニー]、อัน นี้ [an níi アン・ニー]　② ลด [lót ロット]　③ ขนม [khanǒm カノム]　④ ใหญ่ [yày ヤィ]　⑤ ได้ [dây ダィ]　⑥ ละ [lá ラ]　⑦ เสื้อ [sɯ̂ːa スーァ]　⑧ แพง [phɛɛŋ ペーン]　⑨ เล่ม [lêm レム]　⑩ ใบ [bay バィ]　⑪ ตัว [tuːa トゥーァ]　⑫ คัน [khan カン]

2 ①5人でバンコクに行きます（バンコクに行くのは5人です）。

②このカノムチャンは一切れいくらですか？

③この車は、値引きできません。

練習問題解答

練習問題 7 (P47)

1 ① ตอนนี้[tɔɔn níi トーン・ニー]　② กี่ โมง[kìi mooŋ キー・モーン]　③ ภาษา ไทย[phaasǎa thay パーサー・タィ]　④ กี่ คน[kìi khon キー・コン]　⑤ สิบ นาที[sìp naathii シップ・ナーティー]　⑥ ทำงาน[tham ŋaan タムガーン]　⑦ สาม ชั่วโมง[sǎam chû:a mooŋ サーム・チューアモーン]　⑧ ห้า โมง[hâa mooŋ ハー・モーン]　⑨ ตั้งแต่[tâŋ tɛ̀ɛ タンテー]　⑩ เรียน[ri:an リーアン]　⑪ ถึง[thǔŋ トゥン]　⑫ วัน[wan ワン]　⑬ ดู[duu ドゥー]　⑭ สอน[sɔ̌ɔn ソーン]

2 ①1日何時間、日本語の勉強をしますか？
②明日、彼(彼女)は4時過ぎにバンコクに来るでしょう。
③今日、3時から4時半までタイ語の勉強をします。

練習問題 8 (P51)

1 ① เมื่อไร[mûˆaray ムーアライ]　② วัน อะไร[wan aray ワン・アライ]　③ วันที่ เท่าไร[wan thîi thâwray ワンティー・タォライ]　④ อาทิตย์ ที่แล้ว[aathít thîi lɛ́ɛw アーティット・ティーレーォ]　⑤ เดือน นี้[dɯ:an níi ドゥーアン・ニー]　⑥ เดือน หน้า[dɯ:an nâa ドゥーアン・ナー]　⑦ อีก ห้า วัน (หน้า)[ìik hâa wan (nâa) イーク・ハー・ワン(・ナー)]　⑧ สาม ปี ก่อน[sǎam pii kɔ̀ɔn サーム・ピー・コーン]　⑨ วันเกิด[wan kə̀ət ワンクート]　⑩ วันอาทิตย์[wan aathít ワンアーティット]　⑪ วันจันทร์[wan can ワンチャン]　⑫ วันพุธ[wan phút ワンプット]　⑬ พบ[phóp ポップ]

2 ①今週の土曜日にタイ料理を食べに行きませんか？
②彼(彼女)は来月20日にバンコクに遊びに来るでしょう。
③去年、中国語を全部で210時間教えました。

練習問題 9 (P55)

1 ① ที่ไหน[thîi nǎy ティーナィ]　② อยู่[yùu ユー]　③ มี[mii ミー]　④ บ้าน[bâan バーン]　⑤ วัด[wát ワット]　⑥ ตลาด[talàat タラート]　⑦ พ่อ[phɔ̂ɔ ポー]　⑧ แม่[mɛ̂ɛ メー]　⑨ แฟน[fɛɛn フェーン]　⑩ ห้องน้ำ[hɔ̂ŋ náam ホンナーム]　⑪ จังหวัด[caŋwàt チャンワット]　⑫ ใกล้ๆ[klây klây クライ・クライ]　⑬ ใน[nay ナィ]

2 ①明日、先生は家にいますか？
②タイの本が何冊ありますか？—何冊もあります。
③姉と母は一緒にマーケットに行きます(行きました)。

練習問題解答

練習問題 10 (P59)

🎧62 **1** ① นอก[nɔ̂ɔk ノーク]　② บน[bon ボン]　③ ใต้[tâay ターィ]，ล่าง[lâaŋ ラーン]　④ หน้า[nâa ナー]　⑤ หลัง[lăŋ ラン]　⑥ โต๊ะ[tó ト]　⑦ โรงแรม[rooŋrɛɛm ローンレーム]　⑧ โรงพยาบาล[rooŋphayaabaan ローンパヤーバーン]　⑨ บริษัท[bɔɔrisàt ボーリサット]　⑩ นั่ง[nâŋ ナン]　⑪ รถเมล์[rótmee ロットメー]　⑫ จาก[càak チャーク]　⑬ รอ[rɔɔ ロー]

2 ①彼ら（彼女ら）はこの県で仕事をします。
②猫が上にいます。
③ホテルからマーケットまでバスに乗ると2時間半かかります。

練習問題 11 (P65)

🎧70 **1** ① อยุธยา[ayútthayaa アユッタヤー]　② จาก[càak チャーク]　③ ไหน[năy ナィ]　④ โรงงาน[rooŋŋaan ローンガーン]　⑤ และ[lɛ́ レ]　⑥ แล้ว ก็[lɛ́ɛw kɔ̂ɔ レーォ・コー]　⑦ กับ[kàp カップ]　⑧ น้ำ[nám ナム]　⑨ น้ำส้ม[nám sôm ナムソム]　⑩ พนักงาน[phanákŋaan パナックガーン]

2 ①今日、父と母は一緒にマーケットに行きました（行きます）。
②何がありますか？ 何も食べるものがありません。
③タイ人の友人とアユタヤへ遊びに行きたい。

練習問題 12 (P69)

🎧75 **1** ① เท่า[thâw タォ]　② เหมือน[mŭ:an ムーアン]　③ กว่า[kwàa クワー]　④ ที่สุด[thîi sùt ティースット]　⑤ ยาก[yâak ヤーク]　⑥ เปรี้ยว[prîːaw プリーアォ]　⑦ เค็ม[khem ケム]　⑧ หวาน[wăan ワーン]　⑨ หนาว[năaw ナーォ]　⑩ ค่อยๆ[khɔ̂y khɔ̂y コィ・コィ]　⑪ กาแฟ[kaafɛɛ カーフェー]　⑫ ต้มยำกุ้ง[tôm yam kûŋ トムヤムクン]

2 ①タイ語は日本語より難しい。
②いま、タイと日本は同じくらい暑い（＝暑さが同じくらいです）。
③私はトムヤムクンがいちばん好きです。

練習問題 13 (P73)

🎧80 **1** ① อย่างไร[yàaŋray ヤーンライ]　② เครื่องบิน[khrɯ̂:aŋ bin クルーアンビン]　③ ไกล[klay クライ]　④ ปัญหา[panhăa パンハー]　⑤ แค่ไหน[khɛ̂ɛ năy ケー

151

練習問題解答

ナイ] ⑥ อากาศ[aakàat アーカート] ⑦ ช้อน[chɔ́ɔn チョーン] ⑧ ส้ม[sôm ソム] ⑨ เดี๋ยวนี้[dǐ:aw níi ディーアオニー] ⑩ โดย[dooy ドーイ] ⑪ เกี่ยวกับ[kì:aw kàp キーアオカップ] ⑫ สิ่งแวดล้อม[sìŋwɛ̂ɛtlɔ́ɔm シンウェートローム] ⑬ ฝน ตก[fǒn tòk フォン・トック]

2 ①どのようにカンボジアに行きますか？
②タイ以外にミャンマーにも興味があります。
③トゥクトゥクに乗って来るのがいちばん楽です。

練習問題 14 (P77)

1 ① ทำไม[thammay タンマイ] ② เพราะ ว่า[phrɔ́ wâa プロ・ワー] ③ เพื่อ[phûi:a プーア] ④ สำหรับ[sǎmràp サムラップ] ⑤ ต้องการ[tɔ̂ŋkaan トンカーン] ⑥ อยากได้[yàak dâay ヤークダイ] ⑦ รีบ[rîip リープ] ⑧ ช่วย[chû:ay チューアイ] ⑨ แผนที่[phɛ̌ɛnthîi ペーンティー] ⑩ ข้าวต้ม[khâaw tôm カーオトム] ⑪ ดูแล[duulɛɛ ドゥーレー] ⑫ ดี กว่า[dii kwàa ディー・クワー] ⑬ กระเป๋า[krapǎw クラパオ]

2 ①どうしてタイ料理が好きなのですか？
②彼(彼女)は体調が悪いので食事をしません。
③この事務所は従業員用のトイレが必要です。

練習問題 15 (P81)

1 ① คง[khoŋ コン] ② อาจจะ[àat cà アーチャ] ③ ควร[khu:an クーアン] ④ ไม่ ต้อง[mây tôŋ マイ・トン] ⑤ อยาก[yàak ヤーク] ⑥ พักผ่อน[phák phɔ̀ɔn パックポーン] ⑦ ธุระ[thúrá トゥラ] ⑧ ทุกวัน[thúk wan トゥックワン] ⑨ นอน[nɔɔn ノーン] ⑩ ยา[yaa ヤー] ⑪ น้อย[nɔ́ɔy ノーイ] ⑫ หา[hǎa ハー] ⑬ หมอ[mɔ̌ɔ モー]

2 ①毎日仕事をしに行かねばなりません。
②たぶん、何の用事もないでしょう。
③今日、雨はきっと降らないでしょう。

練習問題 16 (P87)

1 ① เคย[khəəy クーイ] ② งาน[ŋaan ガーン] ③ ยัง[yaŋ ヤン] ④ เงิน[ŋən グン] ⑤ ยุ่ง[yûŋ ユン] ⑥ ได้[dây ダイ] ⑦ กลับ[klàp クラップ] ⑧ อีก[ìik イーク] ⑨ ครั้ง เดียว[khráŋ di:aw クラン・ディーアオ] ⑩ เยอะ[yá ユ] ⑪ ก๋วยเตี๋ยว[kǔ:aytǐ:aw クーアイティーアオ]

152

練習問題解答

2 ①仕事が忙しいので、今年はまだどこにも行っていません。
②今日、何も食べていないのですか？
③ラオス語を勉強したことがありますか？

練習問題 17 (P91)

1 ① ซื้อ [súɯ スー]　② ห้อง [hɔ̂ŋ ホン]　③ การบ้าน [kaan bâan カーンバーン]　④ จดหมาย [còtmăay チョットマーイ]　⑤ กำลัง จะ [kamlaŋ cà カムラン・チャ]　⑥ ยัง [yaŋ ヤン]　⑦ เพลง [phleeŋ プレーン]　⑧ ฟัง [faŋ ファン]　⑨ อ้วน [û:an ウーアン]　⑩ ร้อน [rɔ́ɔn ローン]　⑪ กำลัง [kamlaŋ カムラン]　⑫ ทำ ความสะอาด [tham khwaam sa àat タム・クワームサアート]　⑬ ซัก ผ้า [sák phâa サック・パー]

2 ①彼（彼女）はまだ片づけています。
②彼（彼女）は歌を聞いています。
③母に手紙を書こうとしているところです。

練習問題 18 (P95)

1 ① แล้ว [lɛ́ɛw レーォ]　② หิวข้าว [hĭw khâaw ヒゥカーォ]　③ ใส่ [sày サイ]　④ ทาน [thaan ターン]（丁寧形）, กิน [kin キン]（一般）　⑤ ปิด ประตู [pìt pratuu ピット・プラトゥー]　⑥ เสร็จ [sèt セット]　⑦ เดิน [dəən ドゥーン]　⑧ อธิบาย [athíbaay アティバーィ]　⑨ เอา [aw アォ]　⑩ เปิด หน้าต่าง [pə̀ət nâatàaŋ プート・ナーターン]　⑪ วิ่ง [wîŋ ウィン]　⑫ น้ำปลา [nám plaa ナンプラー]

2 ①彼（彼女）は（すでに）食事をしてきましたか？
②手紙をまだ書き終わっていません。
③彼（彼女）はもうラヨーンに来ないでしょう。

練習問題 19 (P99)

1 ① ร้อง [rɔ́ɔŋ ローン]　② เข้าใจ [khâwcay カォチャイ]　③ เป็น [pen ペン]　④ ไหว [wăy ワイ]　⑤ ว่ายน้ำ [wâay náam ワーィナーム]　⑥ เปลี่ยน [plì:an プリーアン]　⑦ คุย [khuy クィ]　⑧ แม่น้ำ [mɛ̂ɛ náam メーナーム]　⑨ ภูเขา [phuu khăw プーカォ]　⑩ น้ำ [nám ナム]　⑪ พูด [phûut プート]　⑫ อ่าน [àan アーン]

2 ①ここで携帯電話を使ってもいいですか？
②タイ語を教えることができますか？
③日本語で説明してもいいですか？

153

練習問題解答

練習問題 20（P103）
🎧117 **1** ① ให้ [hây ハイ]　② แต่งงาน [tɛ̀ŋ ŋaan テンガーン]　③ สูบ บุหรี่ [sùup burìi スーブ・ブリー]　④ สั่ง [sàŋ サン]　⑤ แถว นี้ [thěw níi テォ・ニー]　⑥ เร็ว [rew レォ]　⑦ แทน [theɛn テーン]　⑧ ต้นไม้ [tôn máy トンマイ]　⑨ ไฟ [fay ファイ]　⑩ ออก [ɔ̀ɔk オーク]　⑪ เบียร์ [bi:a ビーァ]　⑫ หิมะ [himá ヒマ]

2 ①父は私に室内の掃除をさせた。
　②あなたはもっときれいに手紙を書きなさい（書かなければならない）。
　③部長は私にどこへも行かないよう命じた。

練習問題 21（P113）
🎧125 **1** ① ขอ [khɔ̌ɔ コー]　② ขอ [khɔ̌ɔ コー]，เอา [aw アォ]　③ น้ำชา [nâm chaa ナムチャー]　④ แปล [plɛɛ プレー]　⑤ ทาง [thaaŋ ターン]　⑥ เชิญ [chəən チューン]　⑦ พจนานุกรม [phótcanaanúkrom ポッチャナーヌクロム]　⑧ แนะนำ [nɛ́nam ネナム]　⑨ ยืม [ywwm ユーム]　⑩ เรียก [rî:ak リーァック]　⑪ เข้า [khâw カォ]　⑫ ถาม [thǎam ターム]

2 ①辞書を使わせていただけますか？
　②私の代わりに洗濯をしてください。
　③アイスコーヒーを（コップ／グラスで）2杯ください。

練習問題 22（P117）
🎧130 **1** ① คิด [khít キット]　② บอก [bɔ̀ɔk ボーク]　③ รู้สึก [rúu sùk ルースック]　④ ได้ยิน [dây yin ダイイン]　⑤ แน่ใจ [nɛ̂ɛ cay ネーチャイ]　⑥ หมายความ [mǎay khwaam マーイクワーム]　⑦ รู้ [rúu ルー]　⑧ ทราบ [sâap サーブ]　⑨ น่า รัก [nâa rák ナー・ラック]　⑩ กุญแจ [kuncɛɛ クンチェー]　⑪ ง่าย [ŋâay ガーイ]　⑫ ความหมาย [khwaam mǎay クワームマーイ]

2 ①私は彼（彼女）が帰ってこないだろうと思う。
　②この部屋の鍵があるかどうか知っていますか？
　③（失礼ですが）ご結婚されていますか？

練習問題 23（P121）
🎧135 **1** ① ที่ [thîi ティー]　② มหาวิทยาลัย [mahǎawítthayaalay マハーウィッタヤーライ]　③ เสียใจ [sǐ:acay シーァチャイ]　④ ดีใจ [dii cay ディーチャイ]　⑤ สอบ [sɔ̀ɔp ソーブ]

154

練習問題解答

⑥ นิยม[níyom ニヨム]　⑦ มี ชื่อเสียง[mii chɯ̂ɯ sǐ:aŋ ミー・チューシーアン]　⑧ ตั้ง[tâŋ タン]　⑨ แค่[khɛ̂ɛ ケー]　⑩ จำ ได้[cam dây チャム・ダイ]　⑪ เมื่อคืนนี้[mûːa khɯɯn níi ムーァクーンニー]

2 ①市場から買ってきたくだものはあまりおいしくない。

②娘が試験に落ちて残念です。

③この本は日本で人気があります。

練習問題 24 (P125)

1 ① อย่า[yàa ヤー]　② ห้าม[hâam ハーム]　③ อย่า เพิ่ง[yàa phə̂ŋ ヤー・プン]
④ ลืม[lɯɯm ルーム]　⑤ ขี้เกียจ[khîi kìːat キーキーァット]　⑥ ดื่ม[dɯ̀ɯm ドゥーム]
⑦ ถูก[thùuk トゥーク], โดน[doon ドーン]　⑧ จอด[cɔ̀ɔt チョート]　⑨ ถ่าย รูป[thàay rûup ターイ・ループ]　⑩ ขับ[khàp カップ]　⑪ เหล้า[lâw ラオ]　⑫ ไข่[khày カィ]

2 ①速く運転しないでください。

②禁煙（タバコを吸うのは禁止です）。

③まだ日本に帰らないでね。

練習問題 25 (P129)

1 ① เมื่อ[mûːa ムーァ]　② ก่อน[kɔ̀ɔn コーン]　③ หลัง (จาก)[lǎŋ (càak) ラン（・チャーク）]　④ ถ้า[thâa ター]　⑤ (ถึง) แม้ ว่า[(thɯ̌ŋ) mɛ́ɛ wâa (トゥン・)メー・ワー]
⑥ ตื่นนอน[tɯ̀ɯn nɔɔn トゥーンノーン]　⑦ ล้าง[láaŋ ラーン]　⑧ หิวน้ำ[hǐw náam ヒウナーム]　⑨ โดย บังเอิญ[dooy baŋ ʔəən ドーイ・バンウーン]　⑩ เริ่ม[rə̂əm ルーム]
⑪ ปรึกษา[prɯ̀ksǎa プルックサー]　⑫ เล็ก[lék レック]

2 ①食事をする前に毎回手を洗いなさい。

②仕事が終わった後に、家に帰ります。

③また何か問題があれば、私のところへ（訪ねに）来てください。

155

インデックス

数字は初出もしくは詳しい説明のあるページを指します

ก

ก็ [kɔ̂ɔ コー] ～も ················· 20
ก็เลย [kɔ̂ɔ ləəy コー・ルーイ] だから ········ 74
กรกฎาคม [karákadaakhom カラッカダーコㇺ]
　7月 ······························· 61
กระเป๋า [krapǎw クラパォ] かばん ········ 76
กรุงเทพฯ [kruŋthêep クルンテープ]
　バンコク（タイの首都）·········· 28
กรุณา [karúnaa カルナー]（丁寧な依頼）···· 110
กลับ [klàp クラップ] 帰る ············ 84
กลาง [klaaŋ クラーン] 中央 ········· 57
ก๋วยเตี๋ยว [kǔːaytǐːaw クーアイティーアォ]
　クィティオ（タイの米麺）········ 86
กว่า [kwàa クワー] ①（～時）すぎる ···· 45
　②～より（比較）··············· 66
กว้าง [kwâaŋ クワーン] 広い ········ 109
ก่อน [kɔ̀ɔn コーン]（～カ月）前、（～年）前 ··· 49
ก่อน (ที่) [kɔ̀ɔn (thîi) コーン（・ティー）] ～する前、
　～の前 ························ 126
ก่อนอื่น [kɔ̀ɔn ʉ̀ʉn コーン・ウーン] まずは ·· 119
กัด [kàt カット] 噛む ·············· 122
กัน [kan カン] ～しあう ············ 48
กันยายน [kanyaayon カンヤーヨン] 9月 ······ 61
กับ [kàp カップ] ～と ·············· 52
กัมพูชา [kamphuuchaa カンプーチャー] カンボ
　ジア ··························· 38
กาแฟ [kaafɛɛ カーフェー] コーヒー ······ 66
การ [kaan カーン] 仕事、行動 ········ 108
การบ้าน [kaan bâan カーンバーン] 宿題 ···· 88
กำลัง [kamlaŋ カムラン] ～している最中 ····· 88
กำลังจะ [kamlaŋ cà カムラン・チャ] ～しようと

するところ、～しはじめている ········ 88
กำไร [kamray カムライ] 利益 ·········· 128
กำไรชีวิต [kamray chiiwít カムライ・チーウィット]
　人生の利益 ····················· 128
กิน [kin キン] 食べる ················ 24
กินข้าว [kin khâaw キン・カーォ] 食事をする ·· 30
กิโลเมตร [kiloo mét キローメット] キロメートル
　·································· 71
กี่ [kìi キー] いくつ ················ 44
กี่คน [kìi khon キー・コン] 何人 ········ 46
กี่ชั่วโมง [kìi chûːa mooŋ キー・チューア・モーン]
　何時間？ ························ 44
กี่โมง [kìi mooŋ キー・モーン] 何時？ ···· 44
กุญแจ [kuncɛɛ クンチェー] 鍵 ········· 116
กุมภาพันธ์ [kunphaaphan クンパーパン] 2月
　·································· 61
เก่ง [kèŋ ケン] 上手な ·············· 97
เก็บ (ของ) [kèp (khɔ̌ɔŋ) ケップ（・コーン）] 片づ
　ける ···························· 90
เกรงใจ [kreŋcay クレンチャイ] 遠慮する ····· 79
เก่า [kàw カォ] 古い、昔の ·········· 109
เก้า [kâw カォ] 9 ·················· 33
เกาหลี [kawlǐi カォリー] 韓国 ········· 38
(เกิน) ไป [(kəən) pay（クーン・）パイ] ～過ぎる
　·································· 68
เกิด [kə̀ət クート] 誕生する ·········· 48
แก่ [kɛ̀ɛ ケー]（色が）濃い ·········· 109
แกง [kɛɛŋ ケーン] スープ ············ 66
แกงกะหรี่ [kɛɛŋkarìi ケーンカリー] ケーンカリー
　（＝タイカレー）················ 66
แก้ว [kɛ̂ɛw ケーォ] グラス、コップ ···· 110
เกี่ยวกับ [kìːaw kàp キーアォ・カップ] ～に関して
　·································· 70

156

インデックス

โกโก้ [kookôo コーコー] ココア ………… 118
ใกล้ๆ [klây klây クライ・クライ] ～の近く …… 52
ไก่ [kày カイ] 鶏 ………………………… 124
ไก่ย่าง [kày yâaŋ カイヤーン] 焼き鳥 …… 68
ไกล [klay クライ] 遠い ………………… 71

ข

ขนม [khanŏm カノム] お菓子 ……………… 40
ขนมชั้น [khanŏm chán カノムチャン] カノムチャン（タイのお菓子）…………………… 40
ขวด [khùːat クーアット] ビン（～本）…… 41, 110
ขวา [khwǎa クワー] 右 ………………… 57
ขอ [khɔ̌ɔ コー] ～をください、～させてください …………………………………… 110
ของ [khɔ̌ɔŋ コーン] ～の、物 …………… 20
ขอโทษ [khɔ̌ɔ thôot コートート] ごめんなさい、すみません（呼びかけ）………… 37
ขอนแก่น [khɔ̌ɔn kèn コーンケン] コンケン（地名）……………………………………… 70
ขอบคุณ [khɔ̀ɔp khun コープクン] ありがとう ……………………………………… 37
ขับ [khàp カップ] 運転する ……………… 122
ข้าง [khâŋ カン] ～側、横 ……………… 57
ข้างๆ [khâŋ khâaŋ カン・カーン] ～の横、となり ………………………………… 58
ขาย [khǎay カーイ] 売る ………………… 58
ขายดี [khǎay dii カーイ・ディー] よく売れる ……………………………………… 128
ขาว [sǐi カーオ] 白 …………………… 109
ข้าว [khâaw カーオ] ご飯 ……………… 30
ข้าวต้ม [khâaw tôm カーオトム] おかゆ …… 76
ข้าวผัด [khâaw phàt カーオパット] カオパット（タイ式焼飯）……………………… 34
ขี้เกียจ [khîi kìːat キーキーアット] ～するのが面倒だ、面倒くさい ……………… 124
ขี้ร้อน [khîi rɔ́ɔn キーローン] 暑がり ……… 108
ขี้หนาว [khîi nǎaw キーナーオ] 寒がり …… 108
ขึ้น [khɯ̂n クン]
 ①（形容詞の程度が強くなることを表す）…………………………………… 80
 ②上がる、上昇する ………………… 96
เขา [kháw カオ] 彼、彼女 ……………… 20
เข้า [khâw カオ] 入る …………………… 112
เข้าใจ [khâwcay カオチャイ] 理解する …… 98
เขียน [khǐːan キーアン] 書く …………… 26
แข็ง [khěŋ ケン] 硬い ………………… 109
ไข่ [khày カイ] 卵 ……………………… 124
ไข้ [khây カイ] 熱 ……………………… 82

ค

คง [khoŋ コン] きっと …………………… 78
คงจะ [khoŋ càʔ コン・チャ] きっと～でしょう 78
คน [khon コン] ①人 …………………… 16
 ②（類別詞）～人 ………………… 41
คนญี่ปุ่น [khon yîipùn コン・イープン] 日本人 ‥ 16
คนไทย [khon thay コンタイ] タイ人 …… 16
ครั้ง [khráŋ クラン] 回数（～回）…… 41, 86
ครับ [khráp クラップ]（文末の丁寧語＜男性用＞）………………………………… 16
ครึ่ง [khrɯ̂ŋ クルン]（～時）半、半分 …… 45
ครู [khruu クルー] 先生、師 …………… 98
ความ [khwaam クワーム] 事（抽象名詞を作る語）…………………………… 88, 108
ความสะอาด [khwaam sàʔ aat クワームサアート] 掃除 ……………………………… 88
ความหมาย [khwaam mǎay クワームマーイ] 意味 ……………………………………… 116
ควร [khuːan クーアン] ～すべき、～した方が

157

インデックス

いい ････････････････････････ 78
คอ [khɔɔ コー] 喉 ････････････････ 82
ค่อยๆ [khɔ̂y khɔ̂y コィ・コィ] 少しずつ～･･･ 68
คะ [khá カ] (疑問・呼びかけを表す文末の丁寧語＜女性用＞) ･･････････ 16
ค่ะ [khâ カ] はい (返事) (文末の丁寧語＜女性用＞) ･････････････････････････ 16
คัน [khan カン] ①～台 (類別詞) ･･････ 41 ②かゆい ････････････････････ 82
คาปูชิโน่ [khaapuuchinôo カープーチノー] カプチーノ ････････････････････ 69
คิด [khit キッ] 思う、考える ･･････････ 114
คืน [khɯɯn クーン] 夜 ････････････ 78
คืนนี้ [khɯɯn níi クーン・ニー] 今夜 ････ 78
คือ [khɯɯ クー] すなわち ･･････････ 16
คุณ [khun クン] ～さん、あなた (男女二人称) ･･････････････････････････ 16
คุย [khuy クィ] おしゃべりする、しゃべる ･･ 96
เค็ม [khem ケム] 塩辛い ････････････ 68
เคย [khəəy クーィ] ～したことがある ････ 84
เครื่อง [khrɯ̂aŋ クルーアン] 機械 ･･･････ 108
เครื่องดนตรี [khrɯ̂aŋ dontrii クルーアンドントリー] 楽器 ･･･････････････････ 108
เครื่องบิน [khrɯ̂aŋ bin クルーアンビン] 飛行機 ････････････････････････ 70
แค่ [khɛ̂ɛ ケー] ～だけ (思ったより少ない場合) ･･･････････････････････ 120
แค่ไหน [khɛ̂ɛ nǎy ケーナィ] どのくらい～ですか? ･････････････････････ 71
แคบ [khɛ̂ɛp ケープ] 狭い ･････････ 109
โคราช [khoorâat コーラート] コーラート (地名) ････････････････････････ 114
ใคร [khray クラィ] 誰 ･･････････････ 20

ง

งาน [ŋaan ガーン] 仕事 ･･････････････ 86
ง่าย [ŋâay ガーィ] 簡単 ･･････････････ 116
เงิน [ŋən グン] お金 ･･･････････････ 86

จ

จง [coŋ チョン] ～しなさい (文章調) ･････ 123
จน [con チョン] ①～に (至る) まで ②貧困な ････････････････････ 131
จดหมาย [còtmǎay チョットマーイ] 手紙 ･･･ 88
จระเข้ [cɔɔrakhêe チョーラケー] ワニ ･････ 146
จริง [ciŋ チン] 本当に ･････････････ 146
จอด [cɔ̀ɔt チョート] 駐車する、(車を) 止める ･･････････････････････････ 123
จะ [cà チャ] (未確定の事柄を表す助動詞) ･･ 28
จังหวัด [caŋwàt チャンワット] 県 ････････ 52
จาก [càak チャーク] ～から ････････････ 56
จาง [caaŋ チャーン] (色が) 薄い ･･･････ 109
จาน [caan チャーン] 皿 (～皿) ･････････ 41
จำ～ได้ [cam ~ dây チャム～ダィ] ～を覚えている ･････････････････････ 120
จำเป็น [campen チャンペン] ～が必要だ ･･ 127
จีน [ciin チーン] 中国 ･･･････････････ 38
จึง [cɯŋ チュン] そのため、従って (理由) ･･ 75
เจ็ด [cèt チェット] 7 ･･･････････････ 33
เจ็บ [cèp チェップ] 痛い ･････････････ 82
เจอ [cəə チュー] 会う ･･････････････ 48
ใจ [cay チャィ] 心 ････････････････ 74
ใจดี [cay dii チャィ・ディー] 親切な ･･････ 74

158

インデックス

ฉ

ฉูดฉาด [chùut chàat チュートチャート] 派手な ······ 109

เฉยๆ [chə̌y chə̌əy チュイチューイ] ～するだけ、どちらでもない ······ 124

ช

ชนิด [chanít チャニット] 種類 ······ 120

ชมพู [chomphuu チョムプー] ピンク（色）·· 109

ช่วย [chû:ay チューアイ] ①手伝う ······ 76
②～してください ······ 110

ช้อน [chɔ́ɔn チョーン] スプーン ······ 72

ชอบ [chɔ̂ɔp チョープ] 好き、よく～する ···· 24

ชั่วโมง [chû:a mooŋ チューア モーン] ～時間、1時間 ······ 44

ช้า [cháa チャー] 遅くなる、遅れる ···· 119

ช้าๆ [chá cháa チャ・チャー] ゆっくりと ···· 122

ชิ้น [chín チン] お菓子、パン（～切れ）······ 41

ชีวิต [chiiwít チーウィット] 生命、人生 ······ 128

ชื่อ [chɯ̂ɯ チュー] 名前、～という名前です ······ 32

เช็คบิล [chék bin チェク・ビン] お勘定（してください）······ 37

เช่นเดียวกัน [chên di:aw kan チェン・ディーアオ・カン] こちらこそ（＝同様に）······ 36

เช้า [cháaw チャーオ] 朝 ······ 46

เชิญ [chəən チューン] どうぞ、どうぞ～してください ······ 112

เชียงใหม่ [chi:aŋmày チーアンマイ] チェンマイ（地名）······ 28

โชคดี [chôok dii チョーク・ディー] ご幸運を ·· 37

ใช่ [chây チャイ] ①そうです　②正しい
③～です ······ 16, 22

ใช่ ไหม [chây mǎy チャイ・マイ] ～でしょ？（確認）······ 20

ใช้ [cháy チャイ] 使う ······ 56

ใช้เวลา [cháy weelaa チャイ・ウェーラー] 時間を使う ······ 56

ซ

ซัก [sák サック]（衣類を）洗う ······ 90

ซักผ้า [sák phâa サック・パー] 洗濯する ······ 90

ซ้าย [sáay サーイ] 左 ······ 57

ซิ [sí シ] ～しなさい ······ 122

ซื้อ [sɯ́ɯ スー] 買う ······ 88

ซื้อของ [sɯ́ɯ khɔ̌ɔŋ スー・コーン] 買い物をする ······ 88

ญ

ญี่ปุ่น [yîipùn イープン] 日本 ······ 16

ด

ดนตรี [dontrii ドントリー] 音楽 ······ 108

ด้วย [dû:ay ドゥーアイ]
①（補語（目的語）に対して）～も ······ 111
②～によって（手段）······ 72

ด้วยกัน [dû:ay kan ドゥーアイ・カン] 一緒に ·· 52

ดอก [dɔ̀ɔk ドーク] ～の花 ······ 89

ด่า [dàa ダー] 叱る ······ 124

ดับ [dàp ダップ] 消える ······ 100

ดิฉัน [dichán ディチャン] 私（女性の一人称代名詞）······ 20

ดินสอ [dinsɔ̌ɔ ディンソー] 鉛筆 ······ 18

ดี [dii ディー] 良い ······ 16

159

インデックス

ดีกว่า [dii kwàa ディー・クワー] 〜した方がいい ……………………………… 75
ดีใจ [dii cay ディー・チャイ] 嬉しい ……… 118
ดื่ม [dɯ̀ɯm ドゥーム] 飲む …………… 123
ดู [duu ドゥー] 見る、〜ように見える …… 44
ดูแล [duulɛɛ ドゥーレー] 面倒を見る、監視する …………………………………… 74
เด็ก [dèk デック] 子供 ………………… 39
เดิน [dəən ドゥーン] 歩く ……………… 94
เดียว [di:aw ディーアォ] ひとつだけ、一度だけ ……………………………………… 86
เดี๋ยว [dǐ:aw ディーアォ] ①すぐに、さもなければ ②ちょっと（待って） ③瞬間 ……………………………… 71, 124
เดี๋ยวนี้ [dǐ:aw níi ディーアォニー] 今（の時期）、今すぐ ……………………… 71
เดือน [dɯ̀:an ドゥーアン] 月 ………… 48
เดือนที่แล้ว [dɯ:an thîi lɛ́ɛw ドゥーアン・ティーレーォ] 先月 ……………………… 49
เดือนนี้ [dɯ:an níi ドゥーアン・ニー] 今月 …… 49
เดือนหน้า [dɯ:an nâa ドゥーアン・ナー] 来月 …………………………………… 49
แดง [dɛɛŋ デーン] 赤 ……………… 109
โดน [doon ドーン] 〜に遭う、される（受身） ……………………………………… 124
โดย [dooy ドーイ] 〜によって、〜を使って（方法） …………………………… 72
ได้ [dây ダイ] ①（機会を）得る ……… 85 ②できる（可能・許可） ……… 40 ③得る ……………………………… 86
ได้ยิน [dây yin ダイイン] 聞こえる …… 114

ต

ตก [tòk トック] (雨が) 降る、落ちる …… 71

ต้นไม้ [tôn máy トンマイ] 木 ………… 100
ต้มข่าไก่ [tôm khàa kày トムカーカイ] トムカーカイ（鶏肉をココナツミルクで仕上げたスープ） ……………………………… 66
ต้มยำกุ้ง [tôm yam kûŋ トムヤムクン] トムヤムクン ……………………………… 66
ตรง [troŋ トロン] ちょうど、まっすぐ …… 45
ตรงนี้ [troŋ níi トロン・ニー] ここ、この箇所 …… 83
ตลอด [talɔ̀ɔt タロート] 〜中、〜を通じて …… 131
ตลาด [talàat タラート] マーケット、市場 …… 54
ต่อ [tɔ̀ɔ トー] ①〜し続ける ……… 94 ②〜に対して ……………………… 131
ต้อง [tɔ̂ŋ トン] 〜しなければならない …… 78
ตอน [tɔɔn トーン] ①（時の）部分 ②〜する時 ……………………………… 44
ตอนนี้ [tɔɔn níi トーン・ニー] いま …… 44
ตอนเย็น [tɔɔn yen トーン・イェン] 夕方 …… 92
ตอบ [tɔ̀ɔp トープ] 答える、返事をする …… 119
ตัว [tu:a トゥーア] 動物、服（〜着） …… 41
ตัวเอง [tu:a eeŋ トゥーアエーン] 自分自身 …… 74
ตั้ง [tâŋ タン] 〜も（思ったより多い場合） …… 119
ตั้งแต่ [tâŋ tɛ̀ɛ タンテー] 〜から（時間） …… 44
ตะวันตก [tawan tòk タワントック] 西 …… 83
ตะวันออก [tawan ɔ̀ɔk タワンオーク] 東 …… 83
ตา [taa ター] ①祖父（母方） ②目 …… 39
ตาม [taam ターム] ①従う ………… 120 ②〜沿いに ③あらゆる場所で …… 131
ตี [tii ティー] (深夜の時刻を表す単位) …… 60
ตื่น [tɯ̀ɯn トゥーン] 目覚める、驚く …… 126
ตื่นนอน [tɯ̀ɯn nɔɔn トゥーンノーン] 起床する …………………………………… 126
ตุ๊กตุ๊ก [túk túk トゥックトゥック] トゥクトゥク …………………………………… 72
ตุลาคม [tùlaakhom トゥラーコム] 10月 …… 61
เตะ [tè テ] 蹴る …………………… 100

インデックス

เตี้ย [tîːa ティーア] 低い ········· 109
แต่ [tɛ̀ɛ テー] しかし ········· 24
แต่งงาน [tɛ̀ŋ ŋaan テンガーン] 結婚する ···· 101
โต๊ะ [tó ト] 机 ············ 58
ใต้ [tâay ターイ] ①〜の下 ······ 57
　　　　②南 ············ 83

ถ

ถ้า [thâa ター] もし〜なら ····· 126
ถ้า (หากว่า) [thâa (hàak wâa) ター(ハーク・ワー)]
　もし (仮に) ············ 128
ถาม [thǎam ターム] 質問する ····· 111
ถ่ายรูป [thàay rûup ターイ・ループ] 写真をとる
　·················· 122
ถึง [thǔŋ トゥン] ①〜まで　②たとえ〜でも
　················ 44, 126
ถึงแม้ว่า [thǔŋ mɛ́ɛ wâa トゥン・メー・ワー]
　たとえ〜であれ ·········· 128
ถือ [thɯ̌ɯ トゥー] 携帯する、持っている ··· 76
ถูก [thùuk トゥーク] ①正しい ······ 114
　　　　②安い ············ 118
　　　　③〜される (受身文に使う) ··· 124
ถูกต้อง [thùuk tɔ̂ŋ トゥーク・トン] 正しい ···· 123
แถว [thɛ̌w テォ] 〜の辺り ········ 100
แถวนี้ [thɛ̌w níi テォ・ニー] この辺り ······· 100

ท

ทราบ [sâap サープ] 存じる ········ 116
ทราย [saay サーイ] 砂 ·········· 146
ท้อง [thɔ́ɔŋ トーン] 腹 ·········· 82
ทั้งหมด [tháŋmòt タンモット] 全部 ······· 34
ทาง [thaaŋ ターン] 方向、道 ······· 112
ทางนี้ [thaaŋ níi ターン・ニー] こちら ······· 112

ทาน [thaan ターン] 食べる ········ 92
ทำ [tham タム] する、作る ······ 46, 88
ทำความสะอาด [tham khwaam sa àat タム・
　クワーム・サアート] 掃除をする ······· 88
ทำงาน [tham ŋaan タム・ガーン] 仕事をする ··· 46
ทำไม [thammay タンマイ] どうして、なぜ ·· 74
ทำลาย [tham laay タム・ラーイ] 破壊する ····· 128
ทำให้ [tham hây タム・ハイ] (…が原因で) 〜に
　なる ················ 100
ทิศ [tit ティット] 方向、方角 ······· 83
ทีวี [thiiwii ティーウィー] テレビ ········· 44
ที่นั่น [thîi nân ティーナン] そこ、あそこ ····· 57
ที่นี่ [thîi nîi ティーニー] ここ ·········· 57
ที่โน่น [thîi nôon ティーノーン] あちら、むこう
　·················· 57
ที่แล้ว [thîi lɛ́ɛw ティーレーォ] 過ぎた、先 (週)
　·················· 49
ที่สุด [thîi sùt ティースット] 最も (最上級) ···· 66
ที่ไหน [thîi nǎy ティーナイ] どこ ········· 52
ทุก [thúk トゥック] すべての〜 ········ 78
ทุกวัน [thúk wan トゥックワン] 毎日 ······· 78
ทุ่ม [thûm トゥム] ((夜の) 時刻を表す単位)
　·················· 61
ทุเรียน [thúriːan トゥリーアン] ドリアン (くだ
　もの名) ··············· 34
เท่า [thâw kàp タォ・カップ] 等しい、〜倍 ···· 66
เท่ากัน [thâw kan タォ・カン] 同じくらいだ ·· 67
เท่ากับ [thâw kàp タォ・カップ] 〜と等しい、
　〜と同じ ·············· 66
เท่าไร [thâwray タォライ] いくら ········ 32
เที่ยง [thîːaŋ ティーアン] 12時 (正午) ······ 60
เที่ยงคืน [thîːaŋ khɯɯn ティーアン・クーン]
　12時 (0時) ············· 61
เที่ยว [thîːaw ティーアォ] 観光する ········ 28
แท็กซี่ [théksîi テックシー] タクシー ········ 110

161

インデックス

แทน [thɛɛn テーン] 〜の代わりに ……… 100
ไทย [thay タイ] タイ ……………… 16

ธ

ธนบุรี [thonburii トンブリー] トンブリー(地名)
……………………………………… 56
ธนาคาร [thanaakhaan タナーカーン] 銀行 …… 56
ธรรมชาติ [thammachâat タンマチャート] 自然
……………………………………… 147
ธรรมดา [thammadaa タンマダー] 普通、通常
……………………………………… 146
ธันวาคม [thanwaakhom タンワーコム] 12月… 61
ธุระ [thurá トゥラ] 用事、仕事 …………… 78

น

นอก [nɔ̂ɔk ノーク] 外 ………………… 57
นอกจาก [nɔ̂ɔk càak ノークチャーク] 〜以外に
……………………………………… 70
น้อง [nɔ́ɔŋ sǎaw ノーン] (年下を表す) …… 39
น้องชาย [nɔ́ɔŋ chaay ノーンチャーイ] 弟 …… 39
น้องสาว [nɔ́ɔŋ sǎaw ノーンサーオ] 妹 …… 39
นอน [nɔɔn ノーン] 寝る ……………… 78
น้อย [nɔ́ɔy ノーイ] 少ない …………… 80
นะ [ná ナ] 〜ね、〜よ (語調を和らげる) ‥ 24
นักเรียน [nák ri:an ナックリーアン] 学生、生徒
……………………………………… 22
นักร้อง [nák rɔ́ɔŋ ナックローン] 歌手 ……… 108
นั่ง [nâŋ ナン] (乗り物に)乗る、座る …… 56
นั่น [nân ナン] それ、あれ ……………… 17
นั้น [nán ナン] その、あの ……………… 17
น่า [nâa ナー] 〜すべき(価値がある) …… 114
น่าจะ [nâa càʔ ナー・チャ] 〜すべき、〜のはず
……………………………………… 128

น้า [náa ナー] 母方の叔父・叔母(母の弟・妹)
……………………………………… 39
นาที [naathii ナーティー] 分 …………… 44
นามบัตร [naambàt ナームバット] 名刺 …… 146
น้ำ [nám ナム] 水、飲み物 …………… 64
น้ำชา [nám chaa ナムチャー] お茶 ……… 110
น้ำท่วม [nám thûːam ナムトゥーアム] 洪水 … 76
น้ำปลา [nám plaa ナムプラー] ナンプラー ‥ 93
น้ำมะพร้าว [nám maphráaw ナムマプラーオ]
　ココナツジュース ………………… 66
น้ำมูก [nám mûuk ナムムーク] 鼻水 …… 82
น้ำลิ้นจี่ [nám líncii ナムリンチー] ライチジュース
……………………………………… 64
น้ำส้ม [nám sôm ナムソム] オレンジジュース
……………………………………… 64
นิดหน่อย [nítnɔ̀y ニットノイ] 少し、ちょっと
……………………………………… 24
นิ่ม [nîm ニム] 柔らかい ……………… 109
นิยม [níyom ニヨム] 人気がある ……… 118
นี่ [nîi ニー] これ ……………………… 16
นี้ [níi ニー] この〜 …………………… 17
นึก 〜 ออก [núk 〜 ɔ̀ɔk ヌック〜オーク] 〜を思い
　つく ……………………………… 120
แน่ใจ [nɛ̂ɛ cay ネーチャイ] 確信する、はっきり
　する ……………………………… 114
แนะนำ [nɛ́nam ネナム] 紹介する、お薦めする
……………………………………… 112
โน่น [nôon ノーン] むこう、あちら ……… 17
โน้น [nóon ノーン] むこうの、あちらの ‥‥ 17
ใน [nay ナイ] 中 ………………… 54, 57

บ

บน [bon ボン] 上 ……………………… 57
บรรดา [bandaa バンダー] 全体、すべての‥ 146

162

インデックス

บริษัท [bɔɔrisàt ボーリサット] 会社 ……… 56
บรูไน [bruunay ブルーナイ] ブルネイ ……… 38
บวม [bu:am ブーアム] 腫れる、化膿する ……… 82
บอก [bɔ̀ɔk ボーク] 言う、告げる ……… 114
บังเอิญ [baŋ əə バンウーン] 偶然 ……… 127
บาง [baaŋ バーン] 薄い ……… 109
บ้าง [bâaŋ バーン] （複数の答えを求める婉曲表現） ……… 62
บาท [bàat バート] バーツ（タイの通貨名）… 34
บาน [baan バーン] 咲く ……… 89
บ้าน [bâan バーン] 家 ……… 52
บ่าย [bàay バーイ] 午後、昼 ……… 44
บิน [bin ビン] 飛ぶ ……… 108
บุหรี่ [burìi ブリー] タバコ ……… 102
เบา [baw バオ] 軽い ……… 109
เบียร์ [bi:a ビーア] ビール ……… 100
ใบ [bay バイ] ①書類（〜枚） ……… 41
　②グラス（〜杯） ……… 110

ป

ปฐมพยาบาล [pathǒm phayaabaan パトムパヤーバーン] 応急手当をする ……… 83
ประตู [pratuu プラトゥー] ドア ……… 93
ประเทศ [prathêet プラテート] 国 ……… 38
ประมาณ [pramaan プラマーン] 約、〜くらい ……… 56
ประโยชน์ [prayòot プラヨート] 有益な ……… 120
ปริมาณ [parimaan パリマーン] 量 ……… 146
ปรึกษา [prùksǎa プルックサー] 相談する ……… 126
ปวด [pù:at プーアット] 痛い、苦しい ……… 82
ปัญหา [panhǎa パンハー] 問題 ……… 72
ป่าไม้ [pàa máy パーマイ] 森林、樹林 ……… 128
ป้า [pâa パー] 伯母（父母の姉） ……… 39
ปากกา [pàakkaa パークカー] ペン ……… 18

ปิด [pit ピット] 閉める ……… 93
ปี [pii ピー] 年 ……… 32
ปีที่แล้ว [pii thîi lɛ́ɛw ピー・ティーレーオ] 去年 ……… 49
ปีนี้ [pii níi ピー・ニー] 今年 ……… 49
ปีหน้า [pii nâa ピー・ナー] 来年 ……… 49
ปู่ [pùu プー] 祖父（父方） ……… 39
เป็น [pen ペン] ①〜です、〜になる ……… 16, 85
　②〜できる（経験が活かせる） ……… 96
เป็นต้น [pen tôn ペン・トン] 〜等 ……… 147
เป็นห่วง [pen hù:aŋ ペン・フーアン] 心配になる ……… 119
เป็นหวัด [pen wàt ペン・ワット] 風邪をひく ……… 82
เป็นอย่างไร [yàaŋray ペン・ヤーンライ] どうですか？（状態、様子をたずねる）……… 107
เป็นอะไร [pen aray ペン・アライ] どう（したの）ですか？（容態をたずねる）……… 96
เปรี้ยว [prîːaw プリーアオ] 酸っぱい ……… 68
เปล่า [plàw プラオ] ①ちがう　②なんでもない ……… 21
เปลี่ยน [plì:an プリーアン] 変わる、変化する ……… 98
เปิด [pə̀ət プート] 開ける ……… 93
แปด [pɛ̀ɛt ペート] 8 ……… 33
แปล [plɛɛ プレー] 訳す ……… 110
ไป [pay パイ] 行く ……… 28
ไปถูก [pay thùuk パイ・トゥーク] 正しく行ける ……… 114
ไปเที่ยว [pay thî:aw パイ・ティーアオ] 観光（旅行）に行く ……… 28

ผ

ผม [phǒm ポム] 私（男性の一人称代名詞）… 20

163

インデックス

ผล [phǒn ポン] 結果、効果 83
ผลไม้ [phǒnlamáay ポンラマーイ] くだもの ... 24
ผัก [phàk パック] 野菜 122
ผักชี [phàkchii パックチー] パクチー 122
ผ้า [phâa パー] 布、衣類 90
ผัด [phàt パット] 炒める 34
ผู้ชาย [phûu chaay プーチャーイ] 男性 76
ผู้หญิง [phûu yǐŋ プーイン] 女性、婦人 76
เผ็ด [phèt ペット] 辛い 24
แผนที่ [phɛ̌ɛnthîi ペーンティー] 地図 76

ฝ

ฝน [fǒn フォン] 雨 71
ฝรั่งเศส [faràŋ sèet ファランセート] フランス
.... 38

พ

พจนานุกรม [phótcanaanúkrom ポッチャナー
ヌクロム] 辞書 111
พนักงาน [phanákŋaan パナックガーン] 従業員
.... 62
พบ [phóp ポップ] 会う 48
พบกันใหม่ [phóp kan mày ポップ・カン・マイ]
また会いましょう 37
พม่า [phamâa パマー] ミャンマー 38
พยาบาล [phayaabaan パヤーバーン] 看護する、
看護師 108
พยายาม [phayaayaam パヤーヤーム] 努力する
.... 120
พระ [phrá プラ] 僧 136
พรุ่งนี้ [phrûŋ níi プルンニー] 明日 28
พฤศจิกายน [phrútsacikaayon プルサッチカーヨン]
11月 61

พฤษภาคม [phrúʔtsaphaakhom プルッサパーコム]
5月 61
พวก [phûːak プーアック] 〜達（代名詞の前に付
け複数を表す）................... 21
พ.ศ [phɔɔ sɔ̌ɔ ポー・ソー] (仏暦の略) 60
พ่อ [phɔ̂ɔ ポー] 父 39
พัก [phák パック] 休む、宿泊する 78
พักผ่อน [phák phɔ̀ɔn パック・ポーン] 休む、休憩
する 78
พัทยา [phátthayaa パッタヤー] パタヤ（地名）
.... 84
พัน [phan パン] 千 33
พี่ [phîi ピー] (年上を表す) 39
พี่ชาย [phîi chaay ピーチャーイ] 兄 39
พี่น้อง [phîi nɔ́ɔŋ ピーノーン] きょうだい 54
พี่สาว [phîi sǎaw ピーサーオ] 姉 39
พุทธ [phút プット] 仏陀 60
พุทธศักราช [phúttha sàkkarâat プッタ・サッカ
ラート] 仏暦 60
พูด [phûut プート] 話す 96
เพราะว่า [phrɔ́ wâa プロ・ワー] なぜなら ... 74
เพลง [phleeŋ プレーン] 歌 90
เพื่อ [phûːa プーア] 〜のために（理由） .. 74
เพื่อน [phûːan プーアン] 友人 20
แพง [phɛɛŋ ペーン] (値段が)高い 42

ฟ

ฟัง [faŋ ファン] 聞く 90
ฟัน [fan ファン] 歯 82
ฟ้า [fáa ファー] 青（色）.............. 109
ฟิลิปปินส์ [filíppin フィリッピン] フィリピン
.... 38
แฟน [fɛɛn フェーン] 恋人、妻・夫 52
ไฟ [fay ファイ] 火 100

インデックス

ไฟดับ [fay dàp ファイダップ] 停電する …… 100

ภ

ภรรยา [phanrayaa パンラヤー] 妻 …… 39
ภาค [phâak パーク] 地方 …………… 70
ภาษา [phaasǎa パーサー] 言語、言葉 …… 39, 44
ภาษาญี่ปุ่น [phaasǎa yîipùn パーサー・イープン]
　日本語 …………………… 97
ภาษาไทย [phaasǎa thay パーサー・タイ]
　タイ語 ……………………… 39, 44
ภาษาอังกฤษ [phaasǎa aŋkrit パーサー・アンクリット] 英語 ………………… 39
ภูเก็ต [phuukèt プーケット] プーケット（地名）
　……………………………… 28
ภูเขา [phuu khǎw プーカオ] 山 ……… 96

ม

มกราคม [mókkaraakhom モッカラーコム] 1月
　……………………………… 61
มหาวิทยาลัย [mahǎawitthayaalay マハーウィッタヤーライ] 大学 …………… 118
มะกอก [makɔ̀ɔk マコーク] オリーブ …… 116
มะพร้าว [maphráaw マプラーオ] ココナツ … 66
มัน [man マン] それ、それについては～ …… 21
มา [maa マー] 来る ……………… 28
มาสาย [maa sǎay マー・サーイ] 遅刻する … 119
มาก [mâak マーク] とても、多い …… 24
มาเลเซีย [maaleesi:a マレーシーア] マレーシア
　……………………………… 38
มิถุนายน [mítùnaayon ミトゥナーヨン] 6月 … 61
มี [mii ミー] いる、ある、持っている …… 52
มีชื่อเสียง [mii chɯ̂ɯ sǐ:aŋ ミー・チューシーアン]
　有名な ……………………… 118

มีนาคม [miinaakhom ミーナーコム] 3月 …… 61
มือ [mɯɯ ムー] 手 ……………… 76
มือถือ [mɯɯ thɯ̌ɯ ムートゥー] 携帯電話 …… 76
เม็ด [mét メット] 粒、（錠剤）～錠 …… 83
เมนู [meenuu メーヌー] メニュー …… 110
เมษายน [meesǎayon メーサーヨン] 4月 …… 61
เมา [maw マオ] （乗り物やお酒に）酔う …… 82
เมาค้าง [maw kháaŋ マオ・カーン] 二日酔い … 82
เมื่อ [mɯ̂:a ムーア] ～するとき、～したとき
　……………………………… 126
เมื่อกี้นี้ [mɯ̂:a kíi níi ムーアキーニー] さっき … 122
เมื่อคืนนี้ [mɯ̂:a khɯɯn níi ムーアクーンニー]
　昨夜 ………………………… 120
เมื่อไร [mɯ̂:aray ムーアライ] いつ ……… 48
เมื่อวานนี้ [mɯ̂:a waan níi ムーアワーンニー] 昨日
　……………………………… 29
เมือง [mɯ:aŋ ムーアン] 国、町 ……… 28
เมืองไทย [mɯ:aŋ thay ムーアンタイ] タイ … 28
แม่ [mɛ̂ɛ メー] 母 ………………… 39
แม่น้ำ [mɛ̂ɛ náam メーナーム] 川 ……… 97
แม้แต่ [mɛ́ɛ tɛ̀ɛ メー・テー] ～でさえ … 128
แม้ว่า [mɛ́ɛ wâa メー・ワー] たとえ～であれ
　……………………………… 128
เมลล์ [meen メー(メール)] Eメール …… 119
แมว [mɛɛw メーオ] 猫 …………… 58
โมง [mooŋ モーン] ～時（時刻を表す単位）… 44
โมโห [moohǒo モーホー] 怒る ……… 103
ไม่ [mây マイ] ～でない ………… 16
ไม่ค่อย [mây khɔ̂y マイ・コイ] あまり～でない
　……………………………… 68
ไม่เคย [mây khəəy マイ・クーイ] ～したことがない
　……………………………… 85
ไม่ใช่ [mây chây マイ・チャイ] ①ちがいます
　②～ではない（名詞文の否定）……… 16
ไม่ใช่ว่า [mây chây wâa マイ・チャイ・ワー]

165

インデックス

～というわけではない・・・・・・・・・ 115
ไม่ได้ [mây dây マィ・ダィ] できません、だめです ・・・・・・・・・・・・・・・・・・・・・・・・ 97
ไม่ต้อง [mây tɔ̂ŋ マィ・トン] ～する必要がない ・・・・・・・・・・・・・・・・・・・・・・・・ 79
ไม่ทราบว่า [mây sâap wâa マィ・サープ・ワー] ～を存じません（＝失礼ですが～ですか？） ・・・・・・・・・・・・・・・・・・・・・・・・ 116
ไม่～เลย [mây ~ ləəy マィ～ルーィ] 全然～でない ・・・・・・・・・・・・・・・・・・・・・・ 68
ไม่เป็นไร [mây pen ray マィペンライ] どういたしまして、大丈夫です ・・・・・・ 37
ไม่สบาย [mây sabaay マィ・サバーイ] 元気じゃない、体調が悪い ・・・・・・・・・・・ 36
ไม้ [máy マィ] 木 ・・・・・・・・・・・・・・・・・・・ 128

ย

ยกเว้น [yók wén ヨックウェン] ①～を除いて ②例外 ・・・・・・・・・・・・・・・・・・・・ 131
ยัง [yaŋ ヤン] まだ ・・・・・・・・・・・・・・・・・ 88
ยังไง [yaŋŋay ヤンガイ] どんな（＝ อย่างไร [yàaŋray ヤーンライ] 短縮形）・・・・・・ 128
ยา [yaa ヤー] 薬 ・・・・・・・・・・・・・・・・・・・ 58
ย่า [yâa ヤー] 祖母（父方）・・・・・・・・・・・ 39
ยาก [yâak ヤーク] 難しい ・・・・・・・・・・・・・ 67
ย่าง [yâaŋ ヤーン] 焼く、網焼きする ・・・ 68
ยาย [yaay ヤーイ] 祖母（母方）・・・・・・・・ 39
ยาว [yaaw ヤーォ] 長い ・・・・・・・・・・・・・ 109
ยินดี [yin dii インディー] うれしい ・・・・・・ 36
ยินดีที่ได้รู้จัก [yin dii thîi dây rúu càk インディー・ティー・ダィ・ルーチャック] お会いできてうれしい、はじめまして ・・・・・・・・・・・・ 36
ยี่สิบ [yîi sìp イー・シップ] 20 ・・・・・・・・・ 33
ยืม [yɯɯm ユーム] 借りる ・・・・・・・・・・・ 111

ยุง [yuŋ ユン] 蚊 ・・・・・・・・・・・・・・・・・・ 122
ยุ่ง [yûŋ ユン] 忙しい ・・・・・・・・・・・・・・・ 86
เย็น [yen イェン] ①夕方 ②涼しい ③アイス（コーヒー）・・・・・・・・・・・・・・ 111 61
เยอรมัน [yəəraman ユーラマン] ドイツ ・・・ 38
เยอะ [yə́ ユ] いっぱい ・・・・・・・・・・・・・・ 86

ร

รถ [rót ロット] 車 ・・・・・・・・・・・・・・・・・・ 56
รถทัวร์ [rót thu:a ロットトゥーア] ツアーバス ・・・・・・・・・・・・・・・・・・・・・・・・・・・・・・ 71
รถเมล์ [rótmee ロットメー] バス ・・・・・・・ 56
รบกวน [rópku:an ロップクーアン] 誠にお手数ですが～、煩わす ・・・・・・・・・・・・・ 112
รอ [rɔɔ ロー] 待つ ・・・・・・・・・・・・・・・・・ 58
รองเท้า [rɔɔŋtháw ローンタォ] 靴 ・・・・・・ 74
ร้อง [rɔ́ɔŋ ローン] 歌う ・・・・・・・・・・・・・・ 96
ร้อน [rɔ́ɔn ローン] 暑い、熱い ・・・・・・・・ 89
ร้อย [rɔ́ɔy ローイ] 100 ・・・・・・・・・・・・・・ 33
ระยอง [rayɔɔŋ ラヨーン] ラヨーン（地名）・・・ 63
ระหว่าง [rawàaaŋ ラワーン] ①（食）間 ・・ 82
②AとBの間 ・・・・・・・・・・・・・・・・・・ 131
รัก [rák ラック] 愛する ・・・・・・・・・・・・・ 116
ราคา [raakhaa ラーカー] 値段 ・・・・・ 35, 106
ร้าน [ráan ラーン] 店 ・・・・・・・・・・・・・・・ 58
ร้านขายยา [ráan khǎay yaa ラーンカーイヤー] 薬局 ・・・・・・・・・・・・・・・・・・・・・・・・・・ 58
ร้านขายหนังสือ [ráan khǎay nǎŋsɯɯ ラーンカーイナンスー] 書店 ・・・・・・・・・・・・・・ 58
รีบ [rîip リープ] 急ぐ ・・・・・・・・・・・・・・・ 76
รู้ [rúu ルー] 知る、わかる ・・・・・・・・・・ 116
รู้จัก [rúu càk ルーチャック] 知る ・・・・・・ 112
รู้สึก [rúu sɯ̀k ルースック] 感じる ・・・・・・ 114
รูป [rûup ループ] 写真、形、図 ・・・・・・ 122

166

インデックス

เร็ว [rew レォ] 早い、速い ………… 101
เรา [raw ラォ] 私たち（男性・女性の一人称複数）………… 21
เริ่ม [râəm ルーム] 始める、開始する ………… 127
เรียก [rîːak リーアック] 呼ぶ ………… 102
เรียน [riːan リーアン] 勉強する ………… 44
เรียบ [rîːap リーアップ] 地味な ………… 109
แล้ง [lɛ́ɛŋ レーン] 乾燥した ………… 83
โรงงาน [rooŋŋaan ローンガーン] 工場 ………… 62
โรงเรียน [rooŋriːan ローンリーアン] 学校 ………… 18
โรงแรม [rooŋrɛɛm ローンレーム] ホテル ………… 58
โรงพยาบาล [rooŋphayaabaan ローンパヤーバーン] 病院 ………… 58

ฤ

ฤดู [rúduu ルドゥー] 季節 ………… 83
ฤดูฝน [rúduu fǒn ルドゥー・フォン] 雨季 ………… 83
ฤดูแล้ง [rúduu lɛ́ɛŋ ルドゥー・レーン] 乾季 ………… 83

ล

ลง [loŋ ロン] ①下がる、降りる　②（形容詞の程度が弱くなる）………… 80
ลด [lót ロット] 値引く ………… 40
ละ [lá ラ] 〜につき（単位を表す）………… 40
ล่ะ [lâ ラ] 〜については ………… 32
ละคร [lakhɔɔn ラコーン] 劇 ………… 146
ลา [laa ラー] ①別れる　②休暇を取る ………… 36
ลาก่อน [laa kɔ̀ɔn ラー・コーン] さようなら ………… 36
ลาเต้ [laatêe ラーテー] （カフェ）ラテ ………… 69
ล่าง [lâaŋ ラーン] 下（側）、下（方）………… 58
ล้าง [láaŋ ラーン] （手や顔を）洗う ………… 126
ล้าน [láan ラーン] 百万 ………… 33
ลาว [laaw ラーォ] ラオス ………… 38

ลำบาก [lambàak ランバーク] 困難な ………… 102
ลืม [lɯɯm ルーム] 忘れる ………… 123
ลิ้นจี่ [líncìi リンチー] ライチ ………… 64
ลุง [luŋ ルン] 伯父（父母の兄）………… 39
ลูก [lûuk ルーク] （親の）子供 ………… 39
ลูกชาย [lûuk chaay ルーク・チャーイ] 息子 ………… 39
ลูกสาว [lûuk sǎaw ルーク・サーォ] 娘 ………… 39
เล็ก [lék レック] 小さい ………… 128
เล่ม [lêm レム] 本（〜冊）………… 41
เลย [ləəy ルーイ] ①否定の強調 ………… 68
　②だから（理由）………… 74
　③（さっさと）〜しなさい ………… 123
แล้ว [lɛ́ɛw レーォ] もう〜した、もう〜になった（完了）………… 92
แล้วก็ [lɛ́ɛw kɔ̂ɔ レーォ・コー] それから〜 ………… 62
แล้วหรือยัง [lɛ́ɛw rɯ̌ɯ yaŋ レーォ・ルー・ヤン] もう〜したかどうか？、もう〜になったかどうか？ ………… 92
และ [lɛ́ レ] (A) と (B) ………… 62
และอื่นๆ [lɛ́ ɯ̀ɯn ɯ̀ɯn レ・ウーン・ウーン] 〜等 ………… 147

ว

วัด [wát ワット] 寺 ………… 52
วัดพระแก้ว [wát phrakɛ̂ɛw ワットプラケーォ] エメラルド寺院 ………… 58
วัดอรุณ [wát arun ワットアルン] ワットアルン（寺院名）………… 56
วัน [wan ワン] 日 ………… 28
วันเกิด [wan kə̀ət ワンクート] 誕生日 ………… 48
วันจันทร์ [wan can ワンチャン] 月曜日 ………… 50
วันที่ [wan thîi ワンティー] 日付、〜の日 ………… 48
วันที่เท่าไร [wan thîi thâwray ワンティー・タォライ] 何日 ………… 48

167

インデックス

วันนี้ [wan níi ワンニー] 今日 · · · · · · · · · · · · · · · · 28
วันพฤหัส [wan phrúhàt ワンプルハット] 木曜日
· 50
วันพุธ [wan phút ワンプット] 水曜日 · · · · · 48
วันศุกร์ [wan sùk ワンスック] 金曜日 · · · · · 50
วันเสาร์ [wan săw ワンサオ] 土曜日 · · · · · · · 50
วันอะไร [wan aray ワン・アライ] 何曜日、何の日 · 48
วันอังคาร [wan aŋkhaan ワンアンカーン] 火曜日
· 50
วันอาทิตย์ [wan aathít ワンアーティット] 日曜日
· 50
วันอาทิตย์นี้ [wan aathít níi ワンアーティット・ニー]
今週の日曜日 · · · · · · · · · · · · · · · · · · 79
วัยรุ่น [wayrûn ワイルン] 若者 (若い世代) · · 118
ว่า [wâa ワー] ①~と (思う) · · · · · · · · · · · · 114
②言う · 77
ว่ายน้ำ [wâay náam ワーイナーム] 泳ぐ · · · · · 97
วิ่ง [wîŋ ウィン] 走る · · · · · · · · · · · · · · · · · 94
เวลา [weelaa ウェーラー] ①時間 · · · · · · · 56
②~するとき、~したとき · · · · · 127
เวียดนาม [wi:atnaam ウィーアットナーム] ベトナム · 38

ศ

ศักราช [sàkkaràat サッカラート] 暦 · · · · · · · 60
ศูนย์ [sŭun スーン] 0 · · · · · · · · · · · · · · · · · 33
เศร้า [sâw サオ] 悲しい · · · · · · · · · · · · · 146

ส

สนุก [sanùk サヌック] 楽しい · · · · · · · · · · 28
สบาย [sabaay サバーイ] 元気な、楽な · · · · · 16
สบายดี [sabaay dii サバーイ・ディー] (とても)

元気な · 17, 36
ส่ง [sòŋ ソン] 送る · · · · · · · · · · · · · · · · · · 99
สนใจ [sŏncay ソンチャイ] 興味がある · · · · · · 70
สเปน [sapeen サペーン] スペイン · · · · · · 38
ส้ม [nám sôm ナムソム] オレンジ · · · · · · · · 64
สวย [sŭ:ay スーアイ] 美しい · · · · · · · · · · 26
สวัสดี [sawàt dii サワッディー] こんにちは · · 16
สอง [sɔ̆ɔŋ ソーン] 2 · · · · · · · · · · · · · · · · · 33
สอน [sɔ̆ɔn ソーン] 教える · · · · · · · · · · · · 46
สอบ [sɔ̀ɔp ソープ] 試験をする · · · · · · · · 118
ส้อม [sôm ソム] フォーク · · · · · · · · · · · · 72
สะอาด [sà aat サアート] 清潔な · · · · · · · · · · 88
สั่ง [sàŋ サン] 命じる · · · · · · · · · · · · · · 100
สัตว์ [sàt サット] 動物 · · · · · · · · · · · · · · · 116
สั้น [sân サン] 短い · · · · · · · · · · · · · · · · 109
สาม [săam サーム] 3 · · · · · · · · · · · · · · · · 33
สามารถ [săamâat サーマート] 能力がある · · 146
สามี [săamii サーミー] 夫 · · · · · · · · · · · · 39
สาย [săay サーイ] ①遅い、遅れる ②線、道、
流れ · 122
สาเหตุ [săahèet サーヘート] 原因 · · · · · · 147
สำรวจ [sămrù:at サムルーアット] 調査する · · · · 76
สำหรับ [sămràp サムラップ] (特定の対象) のた
めに、~用 · 74
สิ่ง [sìŋ シン] もの、事 · · · · · · · · · · · · · 128
สิ่งแวดล้อม [sìŋwɛ̂ɛtlɔ́ɔm シンウェートローム]
環境 · 72
สิงคโปร์ [sǐŋkhapoo シンカポー] シンガポール
· 38
สิงหาคม [sĭŋhăakhom シンハーコム] 8月 · · · · 61
สิบ [sìp シップ] 10 · · · · · · · · · · · · · · · · · 33
สี [sĭi シー] 色 · 109
สี่ [sìi シー] 4 · 33
สุโขทัย [sukhŏothay スコータイ] スコータイ (地
名) · 52

168

インデックス

สู่ [sùu スー] 〜に向かって ･････ 131
สูง [sǔuŋ スーン] 高い ･･････････ 109
สูบ [sùup スープ] 吸う ･･････････ 102
สูบบุหรี่ [sùup burìi スープ・ブリー] タバコを吸う ････････････････････････ 102
เสมหะ [sěemhà セームハ] 痰 ････ 82
เสร็จ [sèt セット] 終る ････････････ 94
เสีย [sǐːa シーア] こわれる、(時間、費用が)かかる ･･････････････････ 82
เสียใจ [sǐːacay シーアチャイ] 残念な ･･ 119
เสียง [sǐːaŋ シーアン] 声 ･･････････ 118
เสื้อ [sɯ̂ːa スーア] 服、衣服 ･････ 42
แสน [sɛ̌ɛn セーン] 10万 ･･････････ 33
ใส่ [sày サイ] 入れる、着る ････ 93

ห

หก [hòk ホック] 6 ･････････････････ 33
หน่อย [nɔ̀y ノイ] 少し、ちょっと ･･ 110
หนัก [nàk ナック] 強い、重い ･･ 100
หนังสือ [nǎŋsɯ̌ɯ ナンスー] 本 ･･ 18
หนา [nǎa ナー] 厚い ･･････････････ 109
หน้า [nâa ナー] ①次の ･･･････････ 48
　②前 ････････････････････････････ 57
　③顔 ････････････････････････････ 126
หน้าต่าง [nâatàaŋ ナーターン] 窓 ･･ 93
หนาว [nǎaw ナーオ] 寒い ･･････ 68
หนึ่ง [nɯ̀ŋ ヌン] 1 ･･････････････ 33
หมอ [mɔ̌ɔ モー] 医者 ･････････････ 78
หมา [mǎa マー] 犬 ･･･････････････ 55
หมายความ [mǎay khwaam マーイクワーム] 意味する ･･････････････････ 115
หมื่น [mɯ̀ɯn ムーン] 万 ･････････ 33
หรือ [rɯ̌ɯ ルー] ①または ･･････ 28
　②〜ですか(意外・心配などを強調) ･･ 30

　③(疑問の確認) ･･････････････ 107
หรือเปล่า [rɯ̌ɯ plàw ルー・プラォ] 〜ですか ･･････････････････････････ 20
หลัง [lǎŋ ラン] ①後ろ　②〜の後に ･･ 57
หลัง(จาก) [lǎŋ (càak) ラン(・チャーク)] 〜した後 ･･･････････････････････ 127
หลาย [lǎay ラーイ] 多くの ･･････ 52
ห่วง [hùaŋ フーアン] 心配する ･･ 79
หวัด [wàt ワット] 風邪 ･･･････････ 82
หวาน [wǎan ワーン] 甘い ･･････ 66
ห้อง [hɔ̂ŋ ホン] 部屋 ･････････････ 88
ห้องน้ำ [hɔ̂ŋ náam ホンナーム] トイレ ･･ 37, 54
หัก [hàk ハック] 折る、折れる ･･ 100
หัว [hǔːa フーア] 頭 ･･････････････ 82
หัวหน้า [hǔːa nâa フーアナー] 部長、ボス ･･ 62
หา [hǎa ハー] 訪ねる、探す ･･ 78
ห้า [hâa ハー] 5 ･･････････････････ 33
ห้าม [hâam ハーム] 禁止する ･･ 122
หิมะ [himá ヒマ] 雪 ･･････････････ 102
หิว [hǐw ヒウ] 空腹な ････････････ 92
หิวข้าว [hǐw khâaw ヒゥカーオ] おなかがすく ･･････････････････････････ 92
หิวน้ำ [hǐw náam ヒゥナーム] のどがかわく ･･ 126
เห็น [hěn ヘン] 見える、目に入る ･･ 108
เหนือ [nɯ̌ːa ヌーア] 北、上 ･････ 83
เหมือน [mɯ̌ːan ムーアン] 〜と同様、似ている ･･････････････････････････ 66
เหมาะ [mɔ̀ モ] 似合う ･･･････････ 109
เหล้า [lâw ラォ] 酒 ･･････････････ 123
เหลือง [lɯ̌ːaŋ ルーアン] 黄 ･････ 109
แห่ง [hèŋ ヘン] 場所 ･････････････ 52
ให้ [hây ハイ] ①〜に(与える)　②〜させる ････････････････････････････ 100
ใหญ่ [yày ヤイ] 大きい ･･････････ 41
ใหม่ [mày マイ] 新しい、再び ･･ 76

インデックス

ไหน [nǎy ナィ] どこ、どの ……… 62
ไหม [mǎy マィ] 〜ですか（〜しませんか）
………………………………… 16, 24
ไหว [wǎy ワィ] 耐える ……………… 96

อ

อธิบาย [athíbaay アティバーィ] 説明する …… 94
อเมริกา [ameerikaa アメーリカー] アメリカ‥ 38
อย่า [yàa ヤー] 〜しないで ……………… 122
อย่าเพิ่ง [yàa phâŋ ヤー・プン] まだ〜しないで
………………………………… 123
อยาก [yàak ヤーク] 〜したい …………… 78
อยากได้ [yàak dâay ヤーク ダィ] 〜が欲しい ‥ 74
อย่าง [yàaŋ ヤーン] 〜のように、種類 …… 124
อย่างนั้น [yàaŋ nán ヤーン・ナン] そのように
………………………………… 124
อย่างนี้ [yàaŋ níi ヤーン・ニー] このように ‥ 124
อย่างไร [yàaŋray ヤーンラィ] どのように …… 70
อยุธยา [ayútthayaa アユッタヤー] アユタヤ（地名）
………………………………… 62
อยู่ [yùu ユー] いる、ある ……………… 52
อยู่ที่ไหน [yùu thîi nǎy ユー・ティーナィ] どこ
にありますか、どこにいますか …… 53
อร่อย [arɔ̀y アロィ] おいしい …………… 24
อ้วน [ûan ウーァン] 太る ………………… 90
ออก [ɔ̀ɔk オーク] 出る …………………… 102
อะไร [aray アラィ] 何 …………………… 32
อักษร [àksɔ̌ɔn アックソーン] 文字 ……… 146
อังกฤษ [aŋkrìt アンクリット] イギリス …… 38
อัน [an アン] 個（類別詞） ……………… 40
อันนี้ [an níi アン・ニー]（対象を特定した）これ
………………………………… 40
อา [aa アー] 父方の叔父・叔母（父の弟・妹）

………………………………… 39
อากาศ [aakàat アーカート] 天気、気候 …… 71
อาจจะ [àat cà アーチャ] 多分〜、〜かもしれな
い ………………………………… 78
อาจารย์ [aacaan アーチャーン]（大学の）先生、
師 ………………………………… 20
อาเจียน [aaci:an アーチーアン] 吐気がする ‥ 82
อาชีพ [aachîip アーチープ] 職業 ………… 98
อาทิตย์ [aathit アーティット] 週 ………… 49
อาทิตย์ที่แล้ว [aathít thîi lɛ́ɛw アーティット・
ティーレーォ] 先週 ………………… 49
อาทิตย์นี้ [aathít níi アーティット・ニー] 今週 ‥ 49
อาทิตย์หน้า [aathít nâa アーティット・ナー] 来週
………………………………… 49
อ่าน [àan アーン] 読む ………………… 96
อาบ [àap アープ]（水を）あびる ………… 79
อาบน้ำ [àap náam アープ・ナーム] 水浴びをする
………………………………… 79
อายุ [aayú アーユ] 年齢 ………………… 32
อาหาร [aahǎan アーハーン] 料理、食事 ‥ 24, 82
อาหารญี่ปุ่น [aahǎan yîipùn アーハーン・イープン]
日本料理 ………………………… 25
อาหารไทย [aahǎan thay アーハーン・タイ]
タイ料理 ………………………… 24
อีก [ìik イーク] ①（〜年）後 …………… 49
　②また、再び ………………………… 84
อีสาน [iisǎan イーサーン] 東北 ………… 70
อินโดนีเซีย [indooniisi:a インドーニーシーァ]
インドネシア …………………… 38
อื่น [ɯ̀ɯn ウーン] 他の、別の ………… 109
เอ็ด [èt エット]（一桁目の）1 …………… 33
เอา [aw アォ] 取る、要る ……………… 94
ไอ [ay アィ] 咳がでる …………………… 82

170

著者紹介

吉田英人（よしだ　ひでと）
京都市に生まれる。東京外国語大学卒業，佛教大学大学院博士課程修了，タマサート大学（タイ）留学。専門は近代アジア文法論。現在，バンコクにて公立高校教諭。

著書
『タイ語の基本』（三修社）
『タイ語スピーキング』（三修社）
『タイ語ビジネス会話フレーズ辞典』（三修社＜共著＞）
『ゼロから話せるラオス語』（三修社）
『ラオス語入門』（大学書林＜共著＞）

MP3付
ゼロから始めるタイ語

2014年4月20日　第1刷発行
2020年6月20日　第6刷発行

著　　者——吉田英人
発 行 者——前田俊秀
発 行 所——株式会社　三修社
　　　　　〒150-0001　東京都渋谷区神宮前2-2-22
　　　　　TEL 03-3405-4511
　　　　　FAX 03-3405-4522
　　　　　振替 00190-9-72758
　　　　　https://www.sanshusha.co.jp
　　　　　編集担当　菊池　暁
印 刷 所　　倉敷印刷株式会社
製 本 所　　牧製本印刷株式会社
MP3製作　　高速録音株式会社

カバーデザイン　峯岸孝之（Comix Brand）
本文イラスト　　鹿野理恵子

Ⓒ Hideto Yoshida　　　　　　　　　　　　　2014 Printed in Japan
ISBN978-4-384-05746-1 C1087

JCOPY 〈出版者著作権管理機構　委託出版物〉
本書の無断複製は著作権法上での例外を除き禁じられています。複製される場合は、そのつど事前に、出版者著作権管理機構（電話 03-5244-5088 FAX 03-5244-5089 e-mail: info@jcopy.or.jp）の許諾を得てください。